RÉSUMÉ GÉNÉRAL

POUR le Comte DE MORANGIÉS.

FOND DU PROCÈS.

Il existe au procès quatre billets souscrits par le Comte de Morangiés, le 24 Septembre 1771. Ces mots *valeur reçue comptant* s'y trouvent.

Il existe au procès deux déclarations souscrites par les Adversaires, & reçues par un Officier public le 30 du même mois. On y lit que la valeur des billets *n'a point été fournie*.

Des deux énoncés, quel est le véritable?

Le Comte soutient que les billets lui ont été surpris. Les Verons prétendent que les déclarations leur ont été arrachées ; ainsi, fraude d'une part, violence de l'autre, voilà les deux points à l'examen desquels tout se réduit. Tant que les violences ne seront pas démontrées, les déclarations subsisteront ; & tant que les déclarations subsisteront les billets seront nuls; il sera impossible aux Juges d'en ordonner le paiement.

Cette Cause, comme on le voit, est infiniment simple en elle-même. C'est à ce degré de clarté que nous avons toujours voulu la ramener ; c'est aussi ce que nos Adversaires ont craint. Voilà pourquoi ils l'ont surchargée de tant d'accessoires qu'il a fallu approfondir & réfuter. Tâchons au moins en cet instant de dégager la vérité de cet océan de paroles où l'on s'est efforcé de la noyer.

A

Il n'y a que le crime qui les multiplie. L'innocence en est plus économe; ce n'est jamais volontairement qu'elle devient diffuse.

Discutons donc successivement les déclarations & les billets. Fixons en peu de mots ce qu'il faut penser de ces pieces contradictoires. Nous parlerons ensuite de la procédure du Bailliage du Palais. Nous examinerons si les Magistrats peuvent tolérer les irrégularités en tout genre dont elle est remplie, les vexations dont le premier Juge a accablé les témoins, & les outrages qu'il a accumulés sur la tête du Comte de Morangiés.

PREMIERE PARTIE.

Des déclarations.

Avant que d'examiner comment elles ont été reçues, il faut voir par qui elles l'ont été, & si l'on avoit le droit de les exiger ou de les recevoir. Le monde est plein de gens qui importunent pour des bagatelles la partie de l'administration chargée de veiller au repos commun des Citoyens. Ont-ils été injuriés par un homme d'un rang souvent très-peu distant du leur, ont-ils quelque soupçon contre un domestique, il faut que tout s'agite pour les satisfaire. Le moindre délai ou l'ombre de la défiance leur paroîtroit un déni de Justice affreux. Ils s'indigneroient que la Police ne s'ébranlât pas toute entiere pour leur procurer la vengeance d'un mot grossier, ou la restitution d'une piece d'argenterie. Ce sont ces gens-là même qui se scandalisent qu'un Inspecteur ait été envoyé au secours d'un Officier général menacé de perdre en un moment cent mille écus. Ils se récrient sur ce qu'on n'a pas eu des égards assez respectueux pour des prêteurs sur gages accusés de l'escroquerie la plus révoltante. L'intervention de la Police dans cette affaire leur semble de la plus dangereuse conséquence pour la Société. Pour les guérir de leur scrupule, il ne leur en faudroit qu'une pareille. Alors ils sentiroient que non-seulement la Police peut y intervenir, mais qu'elle le doit. En attendant prouvons-le.

§. I.

Que la Police a pu & dû dans le premier instant se mêler de cette affaire.

Quel est le but de son institution? De prévenir les délits que les Tribunaux réguliers ne pourroient que punir, d'étouffer dans leur principe des crimes dont la Justice ordinaire ne peut connoître que quand ils sont consommés. Voilà pourquoi elle a été douée d'une marche plus rapide & d'une mobilité plus active. Voilà pourquoi elle a été dégagée des formes usitées, & autorisée à s'en créer de particulieres. Mais aussi dans la crainte des abus son influence a été bornée ; elle ne peut que suspendre, & jamais détruire. A la moindre réclamation, elle remet aux Tribunaux les choses dans l'état où elle les a trouvées. Elle ne fait qu'amasser des preuves qui ne nuisent point aux lumieres postérieures que l'on peut acquérir.

Il est donc presque impossible que son intervention soit jamais dangereuse, Il l'est également qu'elle ne soit pas salutaire. S'il en résultoit quelquefois des inconvéniens, outre que par la nature même des choses ils seroient infiniment rares, & encore plus faciles à découvrir & à réparer, il ne faudroit les attribuer qu'à la foiblesse humaine qui ne comporte pas des institutions parfaites. Celle-là du moins l'est autant qu'elle peut l'être, sur-tout aujourd'hui. C'est un hommage universel & bien légitimement dû au Magistrat qui la dirige.

Parmi les délits dont elle doit s'occuper, l'escroquerie, & une escroquerie en billets commise par des prêteurs sur gages, comme celle que le Comte de Morangiés lui déféroit, est un de ceux qui requierent une attention plus suivie de sa part & des précautions plus promptes.

Les prêteurs sur gages, cette classe impitoyable & dévorante, qui subsiste de la misere des autres & s'engraisse de leur détresse, est proscrite par les Loix. La crainte d'un plus grand mal oblige à les tolérer secretement ; mais la nécessité de réprimer leurs excès les a fait mettre spécialement sous l'inspection de la Police. C'est sur-tout sur eux que s'étend son empire. Dès qu'il est question d'une affaire où ils sont mêlés, elle doit accourir, comme les Pompiers quand on parle d'un incendie ; ils n'existent que sous la condition expresse de lui être soumis sans réserve ; & cette condition est si sage, si essentielle au repos public, que probablement ils n'en seront jamais dispensés.

Or ici c'étoient des prêteurs sur gages avérés & connus qu'on lui déféroit ; c'étoit une famille indigente, qui, après avoir essayé passivement de ce triste moyen de subsistance, avoit imaginé de l'employer d'une maniere moins triste & plus honteuse, en l'a-

A ij

doptant activement. Ils avoient commencé par emprunter, ils finissoient par prêter, non pas en leur nom : ils se cachoient sous celui de la Tourtera. Voilà l'origine de leur liaison avec elle. Ils étoient, ce qu'on appelle dans l'argot de ce commerce perfide & meurtrier, des *Bourses.*.

Les Auteurs des libelles publiés pour eux nient ce fait comme tous les autres : ils ont la hardiesse d'en demander la preuve, & elle a été faite juridiquement l'année dernière. Nous avons articulé qu'ils étoient inscrits sur les livres que la Police oblige tous les prêteurs sur gages à tenir en regle. On voit sur ceux de la Tourtera, en Août 1770, la femme Romain empruntant 80 livres sur le nantissement d'une paire de boucles d'oreilles.

En Septembre suivant, dans ce mois où ils prétendent avoir tiré de leurs coffres 300000 livres, la scene change. Aimant mieux être agens que patiens, ils avoient sacrifié toutes leurs ressources pour s'élever au grade de prêteurs. Ils avoient vendu à perte de plus de moitié du capital, chez Me Bouret, Notaire, des contrats qui produisoient 660 livres de rente (1); ils n'en avoient pas tiré sept mille francs. Ce sacrifice est d'autant plus étonnant que ces contrats étoient partie sur la Ville, partie sur les Aides & Gabelles, & par conséquent des meilleurs effets connus en papier; il falloit que leurs besoins fussent bien urgens d'une part, & de l'autre leur empressement d'avoir de quoi prêter sur gage bien vif. Riches de ce fonds confié à la Tourtera pour l'exploiter, ils avoient placé, par son moyen, dans le courant de ce mois, vingt-six à vingt-sept articles, les uns de 60 livres, les autres de 40 livres, & un enfin de 9 livres, ce qui prouve qu'en aspirant aux gros bénéfices, ils ne méprisoient point les petits.

Les Magistrats pourront faire la vérification de ce livre. Le Ministère public l'a faite l'année dernière; il a été forcé d'en convenir à l'Audience le 11 Avril.

Il est donc constant que la famille des Verons prêtoit sur gages, par le ministere de la Tourtera, en Septembre 1770, la Police en étoit instruite. Par cela seul ils étoient donc immédiatement soumis à sa Jurisdiction. Souillés d'un titre qui

(1) Ce fait a été articulé par M. le Comte de Morangiés dans les confrontations; la femme Romain en est convenue.

par lui-même eſt déjà une eſpece de délit, combien devoient-ils
lui paroître ſuſpects quand on les accuſoit, devant elle, d'une
eſcroquerie de cent mille écus ? Des gens qui s'aviliſſoient par
la correſpondance d'une uſuriere décriée comme la Tourtera,
qui ne rougiſſoient point de recevoir, par ſon entremiſe, le lucre
illégitime que pouvoit produire un prêt de 9 livres, devoient-ils
paroître aſſez délicats pour en avoir négligé un de trois cens
mille livres ?

L'intervention de la Police eſt donc déjà bien juſtifiée par la
qualité des Accuſés ; elle ne l'eſt pas moins par la nature du délit qu'on leur imputoit. C'étoit une eſcroquerie en billets ; ces
billets étoient à ordre.

L'état des affaires du Comte ne permettoit gueres à la vérité
de craindre qu'on en fît un tranſport ſérieux à un tiers, & c'étoit
une raiſon de plus pour en ſuſpecter la premiere tradition ; mais il
pouvoit ſe trouver un homme hardi, intriguant, aſſez diſpoſé à
braver tous les ſcrupules pour s'aſſocier à une eſcroquerie fruc-
tueuſe, un Aubourg, par exemple, qui les fît paſſer à ſon ordre.

Armé de ces titres, il auroit attaqué avec confiance le Comte
de Morangiés : il lui auroit dit : vous vous plaignez d'avoir été
ſubtiliſé par des fripons ; cela peut être, mais moi, je ſuis honnête
homme. Je n'ai point traité avec vous ; vous ne pouvez vous plaindre de moi : au contraire, j'ai fait honneur à votre ſignature. J'ai
délivré mon argent ſur ce ſeul gage : en voilà la preuve ; payez-
moi, ſauf votre recours contre ces coquins qui nous ont abuſé tous
deux.

Si ce plan s'étoit d'abord préſenté à l'eſprit des Verons, ou
plutôt s'ils avoient alors connu Aubourg, il eſt très-probable qu'ils
l'auroient adopté : il n'auroit pas été plus funeſte pour le Comte
de Morangiés, parce que le Lieutenant Général du Bailliage ne
s'en feroit jamais mêlé ; mais il faut avouer qu'il auroit été plus
embarraſſant. Le rôle d'Aubourg n'auroit pas été plus honnête,
mais il auroit été plus ſûr. Nous aurions eu deux crimes à prouver
au lieu d'un. Il auroit fallu découvrir & démontrer l'indigence
d'Aubourg comme celle des Verons, l'affiliation d'Aubourg à la
claſſe des Prêteurs ſur gages, comme celle des Verons.

On en ſeroit venu à bout, il eſt vrai. On auroit prouvé, par
exemple, que le Commiſſaire Cheſnon lui avoit fait reſtituer

un étui d'or qu'il retenoit après l'avoir reçu pour caution de la moitié de sa valeur, & bien d'autres traits pareils; mais la Cause en seroit devenue plus compliquée; & qui sait les ressources qu'auroit trouvées un homme tel qu'Aubourg, soit pour justifier en apparence, soit pour appuyer ses titres? Voilà donc ce qu'il falloit empêcher. Or, il n'y avoit que Dieu qui le pût en anéantissant les Billets par un miracle, ou la Police en s'en emparant par la voie de ses Officiers; il falloit donc que le Comte de Morangiés implorât son secours & qu'elle le lui accordât.

A cette premiere réflexion décisive par elle-même pour le moment devoient s'en joindre une infinité d'autres dans l'esprit du Magistrat. Le Comte de Morangiés réclamoit ses Billets; s'il en avoit touché la valeur, l'auroit-il fait? Est-il jamais arrivé, est-il possible qu'un homme, les mains pleines encore de l'or dont il vient de donner un reçu, s'éleve contre ce reçu dont l'encre est à peine séchée, sur-tout quand le terme de la restitution est éloigné? N'est-il pas uniquement occupé à jouir de sa richesse? Plus ses affaires sont en mauvais état, plus il est d'une part absorbé dans la possession d'une opulence inattendue, plus de l'autre il doit redouter l'éclat d'une dénégation que sa situation seule rendroit suspecte. Pour qui connoît le cœur humain, cette preuve est sans réplique.

D'ailleurs, à moins que d'avoir la vérité pour soi, réclame-t-on contre un écrit aussi imposant qu'un Billet? Tous les obstacles sont à redouter, toutes les présomptions à combattre pour celui qui, après l'avoir souscrit, nie d'en avoir reçu le montant. Au contraire, celui qui en est nanti n'a qu'une opération à faire pour tout réunir en sa faveur, c'est de fermer la main. Avec ce geste seul il répond à tout. Il faut alors une discussion immense & des preuves quelquefois impossibles à établir pour le convaincre.

Mais c'est précisément l'excessive difficulté d'une part & la très grande facilité de l'autre qui doit, dans ce genre de contestations, rendre, du moins au premier moment, l'accusateur plus croyable & l'accusé plus suspect. Et si celui-ci mene une vie qui autorise les soupçons; s'il est déja flétri par une conduite crapuleuse; s'il exerce un métier qui ne soit, comme celui des Prêteurs sur gages, séparé de l'escroquerie que par une ligne presque imperceptible, que doit croire, que doit faire la Police quand on le lui dénonce comme coupable d'une escroquerie effective? Ne seroit

elle pas répréhensible si elle refusoit son appui à l'accusateur ?
Quelle seroit donc son utilité si elle se condamnoit à l'inaction
dans le tems précisément où elle ne peut être utile qu'en agissant ?

Elle a donc dû connoître en premiere Instance de cette affaire.
Ses Officiers en étoient les premiers Juges naturels. Leur intervention n'a donc rien de suspect, ou plutôt elle n'a rien que de
très-régulier. Il étoit impossible qu'ils ne fussent pas appellés, &
ce n'est qu'en refusant leur ministere qu'ils auroient prévariqué.
Jusques-là ils n'ont que rempli leurs devoirs. Voyons si dans la
suite ils les ont violés.

§. II.

Que les Déclarations du 30 Septembre ont été volontaires.

Que portoient les ordres du Roi adressés aux Officiers de la
Police ? Le sieur Dupuis nous l'apprend dans son Mémoire, &
le compte qu'il en rend n'est pas suspect, puisqu'il en a pour caution le Magistrat même par les mains de qui ils ont déjà passé.
L'ordre général & ostensible étoit d'arrêter la femme Romain &
son fils ; mais des instructions particulieres modifioient cette in-
jonction rigoureuse. L'Inspecteur & son Adjoint étoient chargés
d'examiner les faits, d'approfondir amiablement, de concert avec
Me le Chauve, si les Verons avoient pu avoir à leur disposition
cent mille écus, & de ne les faire arrêter que dans le cas où ils
ne donneroient pas d'indices satisfaisans sur l'origine de leur trésor.

C'étoit là au fond la premiere & la plus essentielle question à
faire. Dans une République fameuse les Citoyens étoient obligés
de déclarer tous les ans aux Magistrats de quoi ils vivoient, & si
leur fortune étoit augmentée, d'en indiquer les moyens. Ce joug,
que les plus farouches Républicains portoient sans peine, paroîtroit peut-être pesant à la corruption de nos mœurs. Mais il y a
des momens où la Justice est obligée de le renouveller, & celui-ci
en étoit un.

Des Préteurs sur gages, nouvellement initiés à cet art flétrissant, plongés dans l'obscurité la plus profonde, se présentoient
avec un titre qui supposoit cent mille écus fournis de leurs deniers.
On contestoit ce titre. On soutenoit qu'ils ne s'en étoient procuré
la possession que par un abus de confiance. Ce qu'il falloit exami-

ner avant tout, c'étoit d'où pouvoit leur être venu ce tréfor.
Innocens, l'examen leur étoit favorable, ils devoient le defirer.
Cette queftion étoit fi naturelle, fi inévitable, qu'ils s'y étoient
préparés.

On confervoit encore tant de ménagemens pour eux, que ce
n'eft pas même à un Officier chargé d'un miniftere de rigueur que
cette difcuffion préliminaire eft renvoyée. L'apparition du Commiffaire auroit pu les intimider. Le Magiftrat avoit expreffément
recommandé de la leur épargner pour peu qu'il fe trouvât de
probabilité dans leurs réponfes. C'eft chez un homme honoré de
fa confiance, chez un conciliateur défintéreffé qu'ils font invités
à fe rendre, & ils y viennent volontairement.
Là il n'y avoit affurément aucune autorité capable de leur en
impofer. Là on ne leur demande ni écrit ni engagement qui pût
leur nuire ; on les exhorte fimplement à donner des éclairciffe-
mens fur leur prétendu prêt : on raifonne avec eux : on leur pro-
pofe des objections : cela n'a rien de judiciaire ni d'effrayant. Le
Comte de Morangiés eft appellé & entendu comme eux ; il n'y a
de différence entre eux que celle qu'exigeoit le rang, & celle encore qui réfultoit des réponfes.

Ces réponfes de la part des Verons portent avec elles la conviction du fait dont on n'avoit encore que des foupçons. Preffés
de s'expliquer fur la fource de leur richeffe, ils n'en donnent
alors aucune. Ils ne parlent pas encore de cet ami de leur pere
qui a, il y a trente-trois ans, remis à leur mere 260000 liv. en
or que leur pere lui avoit confié fans témoins pour en avantager fa
femme. Mais ils fuppofent que cet or a commencé à exifter à
Vitry, où ils l'ont augmenté de 40000 liv. par la vente de beaucoup d'effets précieux faite en foire à des Juifs inconnus. Ils foutiennent que la maffe eft retraînée à Paris, en fecret, fur la
charrette d'un Rouflier, cachée fous du foin & mélée avec de la
batterie de cuifine ; elle y refte immobile & fans ufage jufqu'au
moment où le Comte de Morangiés fe préfente pour l'emprunter,
& où le propriétaire en perfonne la lui porte feul, à pied, en une
matinée & en treize voyages. Ce roman extravagant eft mêlé de
mille autres abfurdités fans nombre que la converfation fait
éclorre, & de bien des contradictions ; mais les Verons n'en per-
fiftent pas moins à foutenir qu'ils ont donné les 100000 écus.
Après

Après plusieurs heures d'attente les Officiers porteurs des ordres le persuadent que le ministere de conciliation est fini, & qu'il faut constater judiciairement ce que les Parties ont dit. En vertu de leurs instructions ils les conduisent chez le Commissaire qui a le département des Prêteurs sur gages & des escroqueries. Le Comte de Morangiés n'est pas exempt de s'y transporter. Il est vrai qu'il y paroît comme plaignant, mais il n'a pas d'autre avantage; & celui-là, il étoit impossible qu'il ne l'eût pas, puisque jusques-là du moins c'étoit lui seul qui se plaignoit à la Police; du reste, tout est égal entre eux. C'est la même voiture qui les conduit, c'est le même Officier qui va recevoir leurs déclarations.

Cet Officier, qui n'étoit prévenu de rien, se trouve absent, on l'attend. Dans l'intervalle les suites de ce qui va se passer se développent aux yeux de Dujonquay resté seul, & qu'on laissoit alors paisible, de son aveu. Dès que le Commissaire sera arrivé, il faudra dire oui ou non; il réfléchit que s'il persiste à soutenir son complot, s'il fait devant un Officier public une fausse déclaration, il donne un titre contre lui & un titre irrévocable; que l'affaire s'éclaircira, & que si une fois elle est approfondie en Justice réglée, il ne peut pas éviter un châtiment rigoureux.

Cette idée l'accable : la vérité se présente à son esprit avec tous ses droits & le mensonge avec tous ses dangers; son cœur se serre; la crainte, la honte, le regret l'agitent; il fond en larmes; il confesse son trouble & son repentir au sieur Collin, Commis de Police. A ces sindereses, à ces symptômes d'une ame bourre-le sieur Dupuis s'approche & lui dit : *est-ce que vous n'avez dit la vérité chez M* Lechauve ? Non, Monsieur*, répond Dujonquai, & alors elle lui échappe au milieu des sanglots.

L'Officier monte auprès de la mere; il lui fait part de ce qui vient de se passer. Elle marque un instant de surprise, mais sur le champ elle avoue que *son fils a dit vrai.* Un quart-d'heure après le Commissaire arrive; il verbalise; les déclarations se rédigent paisiblement, sans obstacle; on ne reçoit pas celle du Comte de Morangiés parce qu'elle étoit inutile, puisqu'elle ne pouvoit contenir que ce que ceux qu'il accusoit venoient eux-mêmes de reconnoître.

Voilà les faits dans leur exacte simplicité, comme les supposés comme les attestent M* le Chauve dans ce qui le concerne, M* Ogeron & son Clerc, le sieur Dupuis & son Adjoint, & le sieur Collin, quoi qu'on ose en dire dans l'Ecrit intitulé : *Preuves résultantes du Procès.*

B

Les Verons les racontent, il est vrai, tout autrement. Si on les en croit, c'est pour les disloquer par les tortures les plus barbares qu'on les conduit chez M⁰ Lechauve. Là on leur arrache, par des tourmens affreux, la promesse de signer ce qu'on voudra chez M⁰ Chenon, où on les transporte avec de nouveaux détails de cruauté. L'effroi qu'on leur avoit inspiré dans une maison subsiste encore dans l'autre, & ils accomplissent sans résistance, chez le Commissaire qui ne les maltraite point, la parole qu'ils ont donnée chez le Procureur où on les a brisés de coups.

Voilà leur système. Mais 1°., en tenant ce langage, ils jouent leur rôle ; ils seroient bien maladroits si, en travaillant à éluder leurs déclarations, ils ne les présentoient pas de la manière la plus propre à les rendre suspectes; mais quelle preuve donnent-ils de leurs faits ? Aucune que leur intérêt ? Quels témoins ? Aucuns qu'eux-mêmes; ma mere, moi, dit Dujonquay : ces garans ne prévaudront pas sans doute sur les dépositions de six témoins graves croyables, dont trois exercent des charges qui seroient seules des titres de confiance, & sont distingués par une longue réputation d'intégrité; de six témoins absolument désintéressés, dont deux n'ont cessé de l'être que par la procédure inique du Lieutenant Général du Bailliage.

2°. Les Verons fournissent eux-mêmes des preuves contre réalité de cette scene lamentable qu'ils ont décrite avec tant d'efforts d'imagination. Remarquez d'abord que la cruauté n'y a qu'un seul agent. C'est le S⁰ Debruguieres qu'ils ont dévoué à la haine des Auditeurs ou des Lecteurs inconsidérés qui ont reçu leurs anecdotes sans daigner même en examiner la vraisemblance. M⁰ le Chauve & le S⁰ Dupuis n'en sont pas complices, de leur aveu. Le premier n'a pas même été accusé. Dans leur ancien Mémoire signé Vermeil, page 37, ils rendent justice à son exacte probité & la Sentence du Bailliage, qui croit pieusement aux violences qui en rend le sieur Dupuis responsable, ne l'inculpe pas comme y ayant participé, mais comme ne les ayant pas empêchées. Son inaction n'a donc pas dû effrayer les Verons. Ils ont pu au moins le regarder comme neutre.

Or, dans leur Requête du 21 Février 1772, où ils racontent les faits & posent la base sur laquelle s'est élevé le système monstrueux que le Bailliage a essayé de consacrer, ils disent que quand ils furent chez le Commissaire, *le sieur Dupuis appella du* *Dujonquai & lui dit AVEC BEAUCOUP DE DOUCEUR: eh bien* êtes-vous déterminé à signer ? . . . . Peu importe le difcours qu'ils lui prêtent, parce qu'ils ont intérêt de le lui prêter ; ce qui eft très-effentiel, c'eft le ton qui l'accompagne, parce qu'il n'étoit pas de leur intérêt d'en convenir, & qu'il faut que la vérité foit bien conftante pour leur avoir arraché cet aveu qui dément tout ce qu'ils difent.

Avec beaucoup de douceur ! Mais s'ils avoient été jufques-là traités fi violemment, fi on leur avoit arraché par tant d'horreurs une parole qui n'étoit pas encore remplie, cette douceur, cette humanité de la part d'un Officier qui n'avoit qu'un mot à dire pour arrêter leur bourreau, n'auroit-elle pas réveillé l'efpérance dans le cœur de Dujonquai ? N'auroit-il pas effayé de fe prévaloir de la bénignité de cet homme fi doux, au hafard de ne pas réuffir, & de trouver la froideur de l'un auffi inflexible que la fureur de l'autre ? Cependant l'idée ne lui vient pas même d'en réclamer le fecours ; il refte muet, & ne recouvre la parole que pour s'accufer devant le Commiffaire.

3°. Suivant eux, c'eft d'après un fyftême fuivi & combiné qu'on les a dabord traînés chez un Procureur pour leur faire adopter, à force de coups, la propofition qui ne devoit être réalifée que chez le Commiffaire ; & dans quels termes leur eft faite cette pro-pofition ? Les voici. Ils les ont inférés dans cette même Requête du 21 Février 1772, où ils difent que le fieur Dupuis a demandé *avec tant de douceur* à Dujonquai s'il figneroit. Celui-ci eft intro-duit dialoguant avec le fieur Debruguieres qui lui dit : *tu m'as obligé à te maltraiter pour ton opiniâtreté ; j'ai pitié de toi : veux-tu donc t'expofer à pourrir dans un cachot ? Tu as un moyen de te retirer d'affaire qui eft tout fimple. Dis comme le Comte de Morangiés, que tu n'as eu les Billets que pour les faire efcompter par une Compagnie pécunieufe ; que tu n'as fourni que* 1200 *liv. dont le Comte t'a fait un billet particulier ; que tu n'as jamais eu intention d'exiger férieufement du Comte de Morangiés ; que tu n'as feint de le vouloir ainfi que pour l'inquiéter & le forcer à rendre les* 1200 *l. que tu craignois de perdre vu l'état de fes affaires. Que* Dujonquai LUI AYANT DIT : *je ne connois point de Compa-gnie pécunieufe ;* Debruguieres dit : *qu'eft-ce que cela fait . . .* IL N'A POINT DE BILLET . . . *dis que tu l'as déchiré.* Dujonquai LUI DIT : *je vous jure que j'ai prêté les* 300000 *liv.* Debruguieres lui répondit : *que tu les aies données ou que tu ne les aies pas données cela eft égal, c'eft un moyen que je te donne pour te fauver, &*

B ij

j'aimerois mieux tout perdre que de pourrir au cachot.

Quel homme honnête, quel homme éclairé croira qu'un Officier prévaricateur, qui veut gagner le salaire qu'on lui a promis, & forcer un malheureux qu'il tient sous ses pieds de se prêter à un complot destiné à lui enlever sa fortune & son honneur, lui en expose aussi cruement le plan ? Tout ce beau dialogue a été plaidé dans le tems. Il n'étoit destiné qu'à surprendre la crédulité de la plus vile populace, que le danger de ses pareils & la liaison avec les Verons amenoit en foule aux Audiences, comme des raisons du même genre, dans un autre sens, y attiroient les honnêtes gens. Cela est si vrai, que dans le Mémoire imprimé en 117 pages, *signé* VERMEIL, on s'est bien gardé de le rapporter. Voici comme il y est modifié, contourné, pag. 41 & 42.

Debruguieres lui dit que sa mere venoit de promettre qu'elle signeroit volontiers que les 300000 liv. n'avoient pas été portées au Comte de Morangiés ; que s'il ne suivoit cet exemple il alloit rester seul impliqué dans cette affaire ; qu'il avoit une façon de s'en tirer qui étoit toute simple ; qu'il n'avoit qu'à dire qu'il n'avoit jamais entendu exiger sérieusement du Comte de Morangiés les 300000 liv. de Billets ; qu'il n'avoit feint de paroître le vouloir ainsi que pour l'inquiéter, afin de lui faire rendre sur le champ les 1200 liv. à lui prêtées, & qu'il craignoit de ne pouvoir pas ravoir d'une autre maniere d'après le mauvais état de ses affaires.

Le sieur Dujonquai ne répondit pas. . . . .

Il ne répondit pas ! Et pourquoi donc la Requête dit-elle *qu'il répondit ?* Pourquoi cite-t-elle trois de ses réponses ? Pourquoi rapporte-t-elle les propres termes dont on prétend qu'il se servit ? Pourquoi dans le Mémoire le sieur Debruguieres ne tient-il plus le propos affreux *qu'est-ce que cela fait ?* & tous ceux que la Requête lui prête ? qui croire ou du Mémoire ou de la Requête, signés tous deux des mêmes Parties ? Il faut qu'elles aient menti dans l'un ou dans l'autre ; & si elles en ont imposé sur les circonstances de cette scene, quelle foi méritent tous les autres détails dont elles la chargent ? Comment donneront-elles quelque probabilité à des violences dont elles-mêmes font des récits aussi contradictoires ?

4°. Mais ces violences, quelles sont-elles donc ? Ici suivons scrupuleusement les Verons. Que vouloit-on faire suivant eux ? Qu'a-t-on fait ? Il s'agissoit d'amener d'honnêtes gens, & des gens d'une condition médiocre à renoncer à une somme de cent mille écus, à se couvrir d'un opprobre ineffaçable, à-s'avouer criminels de la plus lâche, de la plus basse escroquerie : il s'agissoit d'employer leur propres mains à leur arracher ce qu'il y a de plus précieux aux hommes, la fortune & l'honneur. Voilà le but. Quel est le moyen?

On lit dans la même Requête du 21 Février 1772 qu'arrivés chez Mr le Chauve, ce Procureur, *d'un air & d'un ton sévere, dit : emmenez-moi ce jeune homme là bas, qu'on le sépare de sa mere ;* qu'en conséquence *Dujonquai* est mené dans un autre appartement, où il reste long-tems SEUL, SANS ÊTRE GARDÉ ; que le sieur Debruguieres vient enfin le trouver ; que, sans lui parler, il le saisit au col & crie à deux hommes qui l'accompagnoient, d'une voix fulminante, *avez-vous des fers ?* qu'un d'eux répondit *oui, & les fait retentir dans sa poche ;* qu'alors le sieur Debruguieres s'écrie : *ah, gueux ! ah, coquin ! tu es perdu ainsi que toute ta famille. Nous allons vous traîner dans des cachots, j'y conduirai ta grand-mere par les cheveux ainsi que tes sœurs ; ta maison va être investie. On va mettre les scellés chez toi. Ah, gueux ! ah, coquin ! tu es perdu, ta mere a tout avoué ;* que *Dujonquai* lui ayant répondu : *si ma mere a tout avoué, elle n'a pu que dire la vérité, & qu'il diroit comme elle ;* & que Debruguieres lui ayant demandé ce qu'il diroit, Dujonquai lui auroit répondu, *je dirai que pour mon malheur & celui de ma famille j'ai prêté toute notre fortune à un monstre qui voudroit aujourd'hui nous rendre ses victimes,* & qu'alors Debruguieres, devenu plus furieux, auroit porté à Dujonquai *un grand coup de poing au défaut de l'estomach* qui lui auroit fait perdre la respiration & l'auroit renversé sur un coin de bureau qui étoit dans l'étude ; qu'il le bourra avec sa canne, l'en frappa plusieurs coups redoublés, & le quitta enfin répétant, *gueux, tu es perdu, tu seras pendu.*

Qu'après cette question préparatoire (car il n'est pas encore question de rien signer, & l'on ne voit pas quel objet avoient jusques-là le grand coup de poing & les bourrades), le sieur Debruguieres remonte auprès de la mere, &, sur ce qu'elle nie, lui dit : *je t'apprendrai à mentir, f.... coquine ; & lui secoue le bras rudement, & le lui meurtrit ;* que cette femme ayant, comme il étoit naturel, crié de toute sa force, le prétendu bourreau lui dit : *b.... si tu cries, je vais te faire avaler ma canne : Menaces réitérées plusieurs fois,* dit la Requête, *dans les différentes scenes de ce jour.*

Qu'enfuite le *fieur Debruguieres change abfolument de ton*, *fans abandonner fa premiere rufe*; & c'eft ici que la Requête place le dialogue curieux que l'on a rapporté ci-deffus, où eft dévelop- pée la propofition amiable faite à Dujonquai de figner qu'il eft un coquin, & où, quand il répond que cela n'eft pas vrai, le fieur Debruguieres lui réplique fiérement *qu'eft-ce que cela fait* ? Que, fur le refus, *les bourrades & les coups de canne recommencent avec tant de fureur que les boutons du patient en fautent*; que le Comte de Morangiés eft appellé devant Dujonquai, qui le mal- traite de paroles; que le fieur Debruguieres interrompt la con- verfation *par un fecond coup de poing qui le renverfe* pour cette fois plus doucement *fur un fauteuil*; il faut varier les attitudes; que Me le Chauve, impatient de jouer un rôle dans la torture, injurie Dujonquai *en le tutoyant*, en jurant avec fureur, lui faifit les deux bas de fa vefte, *la déboutonne avec violence* & s'écrie comment f.....gueux, f.....coquin, tu prétens avoir prêté 300000 livres, & tu n'a pas de chemife !

Qu'après ces horribles fuplices foufferts *en préfence de Me le Chauve*, porte la Requête, & fans doute du fieur Dupuis qui déclare *n'avoir quitté la maifon que quelques inftans*, le Procu- reur donne ordre *de conduire les patients au Châtelet au cachot*, que dans la rue il y a une converfation tendre entre la mere & le fils, où la premiere s'écrie: *ah! mon fils, j'ai promis de figner tout ce qu'ils voudront, vois fi tu veux me fauver la vie.* Qu'alors Debruguieres voyant Dujonquai ému par la fituation & les plaintes de fa mere, voulut que la terreur achevât de le vaincre; qu'à cet effet il ordonne qu'on lui mette les menottes, *ramaffe fon chapeau qui étoit tombé, le lui replace fur la tête*, en l'écra- fant d'un troifieme *coup de poing*; que quoique celui-là ne fût pas de nature à renverfer fon homme, puifqu'il étoit donné per- pendiculairement, Dujonquai n'en *tombe* pas moins évanoui, qu'en cet état on l'emporte, malgré l'ordre prétendu de Me le Chauve, chez Me Chenon, où s'ouvre une fcene de douceur & de réfignation, comme on l'a vu.

Voilà le tableau que les Verons préfentent pour émouvoir la compaffion publique; & malgré le ridicule qui y perce à chaque mot, ils ont réuffi, parce que le peuple eft toujours dupe des mots, & que bien des gens, qui ne s'en doutent pas, font peuple quand il s'agit d'opinion. Pour peu qu'on veuille y réfléchir, est cependant bien aisé de sentir l'absurdité & la fausseté de ces peintures pathétiques.

D'abord, encore une fois, Me le Chauve, le sieur Dupuis les désavouent; leurs Clercs, leurs Commis n'en disent pas un mot; le seul Hutinet parle, dit-on, d'un coup de poing & d'un mouvement de canne, mais Dujonquai est convenu à la confrontation qu'il avoit pratiqué ce témoin : on provera même qu'il lui a fait accepter de l'argent. D'ailleurs, son témoignage affirmatif peut-il prévaloir sur la dénégation de tous les autres? Les Juges du Bailliage, si crédules d'ailleurs dans tout ce qui pouvoit être favorable aux Verons, ont si peu cru à ces violences supposées, qu'ils n'ont pas même impliqué dans l'accusation Me le Chauve, qui en seroit le complice & même le véritable auteur si elles étoient réelles.

Ensuite, à quoi se réduisent-elles? *A trois coups de poing*, à *un bruit de fers secoués dans la poche*, à des injures grossieres, à *une* veste déboutonnée, & à la menace burlesque de *faire avaler une canne* à la femme Romain; & c'est-là ce qui résout des préteurs sur gages à abandonner une fortune de cent mille écus, à signer qu'ils sont des escrocs, à se dévouer à la honte attachée à cet aveu, à l'indigence qui en étoit nécessairement l'effet, à la condamnation qui pouvoit s'en suivre! Qui a jamais entendu parler d'une semblable foiblesse? Ces gens-là tenoient donc bien peu à leur argent! L'homme du monde le plus riche & le plus prodigue, celui à qui il seroit le plus aisé de réparer une perte de cent mille écus ne s'y détermineroit pas avec tant de facilité, quand on n'y joindroit aucune ignominie; & ici l'on veut qu'une famille du peuple, que des Bourgeois assez avides pour chercher à augmenter leur bien par la voie criminelle de l'usure, aient, à la premiere menace, sacrifié cent mille écus dont ils étoient en possession ! Que trois coups de poing & un mouvement de canne, si l'on veut, aient forcé un jeune homme dans la vigueur de l'âge; que la seule idée d'être obligée d'avaler l'instrument du prétendu supplice de son fils ait contraint une femme expérimentée à convenir qu'ils ont formé le complot flétrissant d'un larcin! en vérité, nous avons été bien dupes jusqu'ici de combattre cette fable par des raisonnemens; pour la détruire, il ne falloit que la renou-

5°. Ce n'eſt pas ſur le théatre de ces horreurs ſi légeres, même d'après ceux qui prétendent en avoir été accablés; ce n'eſt pas dans le tems où l'influence s'en faiſoit encore ſentir que ſe donne la ſignature qui devoit en être le couronnement; c'eſt deux heures après, dans une maiſon tierce, en préſence d'un autre Officier, en l'abſence des prétendus bourreaux. Il eſt prouvé au procès que Dujonquai avoit commencé ſa déclaration quand le ſieur Dupuis rentra dans l'Etude du Commiſſaire où il la rédigeoit; il eſt prouvé qu'il avoit fait au ſieur Collin l'aveu qu'elle contient, avant que de le faire au ſieur Dupuis, comme on l'a vu ci-deſſus. Y-a-t-il rien de plus déciſif & contre le ſyſtême des violences, & contre l'effet qu'on leur attribue?

6°. Le lendemain, le ſur-lendemain, les Verons, dépoſés au Fort-l'Evêque, n'avoient plus rien à craindre du ſieur Debruguieres & de ſa canne: ils étoient-là ſous la protection des Loix; leurs meurtriſſures étoient guéries, ou s'ils s'en ſentoient encore, c'étoit un avertiſſement de plus de révoquer des aveux qu'elles leur avoient arrachés; que font-ils? que diſent-ils? Envoient-ils chercher un Commiſſaire, des Notaires pour proteſter? Non, ils reſtent dans le ſilence. Mais nous avons voulu, diſent-ils, rendre plainte chez le Commiſſaire Thierry, il nous a rebutés en diſant qu'*il ne travailloit point pour des eſcrocs*. Mais Mr Thierry n'étoit pas le ſeul Commiſſaire de Paris. Le 3 Octobre Mr Chenu ſon Confrere a bien reçu la plainte de votre aïeul, auroit-il rebuté la vôtre le premier de ce mois? Pourquoi céder tout d'un coup au refus de Mr Thierry? Pourquoi ne pas eſſayer au moins une fois de trouver un Officier plus complaiſant? d'ailleurs le refus de ce Commiſſaire qui avoit votre confiance, qui avoit été chargé par vous de la revendication frauduleuſe que vous prétendiez faire le 30, n'annonce-t-il pas quelle idée avoient alors tous les honnêtes gens de vos prétentions?

7°. Mais eſt-il même vrai que vous ſoyez reſtés dans le ſilence le lendemain, le ſur-lendemain? Il s'en faut bien: non-ſeulement vous ne vous êtes pas contentés de ne point agir contre vos déclarations: mais vous les avez confirmées; & par des démarches ſeules capables de leur donner une validité inébranlable. Vous n'aviez point remis les billets, c'étoit-là la cauſe de votre détention. Tremblans

Tremblans que le délai de cette remise ne vous expofât à une inftruction plus rigoureufe & à un châtiment trop mérité, vous avez écrit dans la matinée du lendemain au fieur Laville, dépofitaire de ces effets, deux lettres preffantes pour les retirer de fes mains ; s'il les avoit rendus, ne les auriez-vous pas reftitués au Comte de Morangiés fur le champ ? Et foutiendrez-vous que cette reftitution auroit encore été le fruit de la crainte que vous infpiroit la terrible canne du fieur Debruguieres ?

Dans un nouvel écrit qui paroît en votre nom, intitulé : *Preuves réfultantes du Procès*, vous effayez d'éluder l'impreffion qui réfulte de ces terribles aveux ; voici comme vous parlez, page

Mais, ajoute-t-on encore de la part du Comte de Morangiés, fi les déclarations n'avoient pas été volontaires, Dujonquai auroit-il écrit dès le lendemain à Mᵉ de Laville fon Avocat pour lui demander fes billets, afin de les remettre au fieur Dupuis ?

Il s'en faut de beaucoup que cette lettre très-laconique emporte avec elle l'approbation des déclarations fignées la veille.

Que dites-vous donc ? Que cette lettre très-laconique... eh quoi ! vous voulez infinuer qu'il n'y en a qu'une ? Mais vous oubliez donc qu'il y en a trois, deux du premier Octobre & une du 2 ? Il faut encore les remettre fous les yeux des Juges.

Mon cieur

La malheureufe afaire ou je fuis plongé ma reduit ainfi que ma chere mere ez prifon du Forlevefque, nous fûmes arrêté yere par ordre du Roy fi vous voulé nous fecondé pour nous en tirer, il faut que vous ayes la bonté de remettre au porteure les effets que je vous ait confié, lefquelles dits effets jay promire a M. Dupuy de lui faire pacer au plus tard a dix heures du matin, daprés la parolle que jay donné je vous cerai obligé de me mettre a meme de la mettre a execution comme aufi je vous prie, mon cieur, *de cecer toute pourfuite* & auffitot que nous aurons notre liberté nous aurons lhonneur de vous marquer notre reconnoiffance au fujet de tous les foins que vous ete donné

Jay lhonneur detre
Moncieur

Votre tres humble & tres obeiffant
cerviteur. (1)
Signé, DUJONQUAY.

Ma chere mere a lhonneur de vous affurer de fes refpects.
Du Forleyefque ce 1 Octobre 1771

(1) Dans un de ces petits Libelles tant multipliés dans la Caufe pour gagner quelqu'argent fur leur petit débit, on ofe accufer le Comte de-Morangiés d'alté-

C

Monfieur

Je vous prie de m'obliger de fuivre de point en point la lettre que j'ay eut lhonneur de vous ecrire. Si vous pouvié etre porteuze vous-méme de la réponfe, vous m'obligeriez ainfi que ma chere mere qui fe joint à moi. J'ai l'honneur d'être,

Monfieur, Votre Cerviteur, DUJONQUAY.

Monfieur,

Je vous prie de remettre à maman les quatre billets que M. le Comte de Morangiés a foufcrit au nom de madite maman . . . . . J'ay l'honneur d'être,

Monfieur, Votre tres humble & tres obeiffant Cerviteur, DUJONQUAY, petit fils de la porteufe de la préfente.

Du Fort-l'Evêque ce 2 Octobre 1771.

Voilà donc ce qu'il vous plaît d'appeller *une lettre très-laco-nique.* La brieveté ici eft très-indifférente au fond ; ce qui eft effentiel c'eft votre filence abfolu fur les prétendues barbaries, & l'empreffement que vous marquez de rendre les effets au fieur Dupuis, que vous accufez aujourd'hui d'en avoir été le complice.

Mais nous les lui aurions remis fous fon récépiffé. Et quel étoit votre motif ? Si vous aviez réellement eu envie de vous pourvoir contre les actes de la veille, loin de les lui confier, ne deviez-vous pas au contraire les lui cacher avec plus de foin que jamais ? Vous ne vous attendiez certainement pas alors aux fupports que vous avez trouvés depuis. Si les violences du 30 avoient été réelles quand vous n'aviez pas les billets, & pour vous en arracher un fimple défaveu, qu'auroit-ce été quand on vous en auroit fu les originaux en votre poffeffion ? Ne deviez-vous pas craindre qu'on vous tirât du Fort-l'Evêque, qu'on vous conduifît une feconde fois chez Me le Chauve, & là qu'on mit

rer l'ortographe de ces écrits groffiers pour rendre Dujonquay ridicule. Il eft bon d'obferver que deux ont été copiés fur l'imprimé qu'a publié Me. Laville. Le troifieme fur une copie prife d'après l'original avant qu'il eût été dépofé, & le ftyle, ainfi que les fautes dont eft remplie la lettre de Dujonquay du 26 au Comte prouvent affez que pour rendre les miffives du premier ridicules, on n'a pas befoin de les défigurer.

bien d'autres reſſources en œuvre pour terminer tout d'un coup une bonne fois cette affaire en détruiſant les titres ? Enfin ſi vous aviez eu alors la moindre idée d'une réclamation, votre premier avis au ſieur Laville devoit être de garder ſcrupuleuſement les billets ; & point du tout, ce ſont les plus vives inſtances pour les rendre.

9°. Et ce fait-ci eſt bien eſſentiel : un de vos plus forts argumens contre les déclarations du 30 Septembre, c'eſt une eſpece de contradiction qui s'y trouve ſuivant vous. Elles portent que les billets ſont annexés à une autre déclaration faite le 28 par la veuve Veron chez le Commiſſaire Thierry ; & ils n'y étoient pas annexés, ils étoient dans les mains de Me Laville alors votre Avocat ; d'où, concluez-vous, réſulte la preuve que ce n'eſt pas vous qui avez rédigé l'aveu où eſt conſignée une fauſſeté auſſi groſſiere.

Mais on a déja répondu à cette illuſion que vous tâchez de faire aux Juges & au Public. Non, les billets n'étoient point annexés à cette déclaration du 28, mais ils devoient l'être, & vous croyiez qu'ils l'étoient. Par une ſingularité fort étonnante, le Commiſſaire, à qui ils avoient été repréſentés ce jour-là, s'étoit borné à les parapher ; cela eſt prouvé par le dépôt qu'il en a fait au Greffe du Châtelet le 9 Novembre ; il les avoit laiſſés contre la regle dans les mains de Me Laville. Or vous n'aviez pas vu Me Laville depuis cette époque ; & comme c'eſt lui qui avoit fait rédiger la déclaration de votre grand'mere, comme il n'avoit reçu les billets que pour s'en deſſaiſir & les y joindre, comme vous n'aviez pas été préſens à la rédaction de la piece à laquelle ils n'avoient pas été joints par une irrégularité que le ſieur Laville s'eſt empreſſé de réparer, vous ignoriez que cette irrégularité eût été commiſe, & le 30 vous avez parlé en conſéquence de ce qui avoit dû ſe faire, & non pas de ce qui s'étoit fait.

On ne ſauroit douter que le défaut de jonction des billets à la déclaration du 28 ne fût une infraction aux regles ; cela eſt évident & clair par ſoi-même ; mais ce qui le prouve encore, c'eſt la démarche du Commiſſaire Thierry le premier Octobre. Il refuſe de recevoir vos proteſtations, dites-vous, ce jour-là ; il vous repouſſe en vous qualifiant du nom d'*eſcrocs* ; & cependant le même jour il ſe rend dépoſitaire des effets ſur leſquels eſt

fondée la réclamation que vous vouliez faire devant lui. S'il n'a-
voit pas fenti que ce dépôt devoit être fait antérieurement, l'auroit-il reçu alors? S'il n'avoit pas vu qu'il avoit manqué en fe
piquant de tant de condefcendance le 28 Septembre, en laiffant
incomplet l'acte alors rédigé par lui, l'auroit-il laiffé perfectionner le premier Octobre, le jour où il vous traitoit d'une maniere
fi rude & fi déshonorante?

10° Non-feulement vous écrivez pour avoir vos billets & les
rendre au fieur Duptuis, à qui vous avez donné parole de les
faire paffer au plus tard à dix heures du matin, mais ce jour-là
même vous voyez le Sr Debruguieres; vous parlez avec lui de fang-
froid; vous fouffrez qu'il foit auprès de vous l'introducteur de
votre aïeule, & votre négociateur auprès du Magiftrat; vous con-
fentez qu'il vous confeille, qu'il vous dirige, qu'il vous protege,
& tandis qu'il eft prouvé, conftant, avoué que ce jour-là votre
grand'mere n'a fait de démarches que d'après lui, par lui, avec lui,
vous ofez articuler dans votre même Requête du 21 Févr. 1772,
où eft configné ce roman de violence qu'il n'a fallu que réveiller
pour le détruire, qu'il lui a dit, en l'appercevant chez le Magiftrat
*que venez-vous faire ici? Le Lieutenant de Police n'a pas befoin
d'une vieille gueufe comme toi.* Que fur ce qu'elle répond qu'elle
vient demander juftice, il lui réplique en l'appellant. *vilaine
gueufe, vilaine coquine, vieille tête de mort;* & lui dit: *viens
au Fort-l'Evêque, tu y verras ta fille qui a avoué que les 300000
livres n'ont point été fournies.*

C'eft d'après ces douces paroles qu'elle le fuit, qu'elle le choi-
fit pour guide, pour confident, qu'elle en fait fon oracle! Vous
ne fauriez faire un pas fans qu'il vous échappe une abfurdité.

11°. Que les Juges fupérieurs daignent jetter les yeux fur les
minutes de ces déclarations que le Commiffaire Chenon a repré-
fentées au Lieutenant Général du Bailliage, & ils verront s'il eft
poffible d'y foupçonner la moindre fraude dans la rédaction,
l'ombre d'une violence dans la fignature; il y a à celle de la
mere un renvoi qui n'eft affurément pas bien intéreffant, ce font
ces mots: *avant veuve Liegard Dujonquai;* ce renvoi étoit d'autant plus fuperflu que fa qualité & fon nom de veuve fe trouvent
tout au long fix lignes plus bas. Quel auroit été le motif des
rédacteurs pour faire une femblable addition? Ce renvoi eft

paraphé par la femme Romain ; elle a figné ; non pas une fois, la déclaration s'étend jufqu'au *verfo* ; de même que celle de fon fils, & chacun ont figné tout au long au bas de la page du *recto* & au *verfo* ; & ce n'eft pas feulement leur nom de famille qu'ils y ont appofé, ce font les lettres initiales de leur nom de baptême ; les fignatures de la mere portent F. G. Gaillard, femme Romain ; & celles du fils portent, F. Liegard Dujonquai, avec un paraphe à chacune.

Cette obfervation n'eft pas indifférente à beaucoup près. S'ils n'avoient figné, comme ils le difent, que pour fe fouftraire aux tortures, fi leur complaifance en cette occafion n'avoit été produite que par le defir de fe tirer promptement des mains de leur bourreau, auroient-ils reculé leur délivrance par ce furplus matériel d'écriture qu'on ne leur demandoit pas ? Aucun de ceux qui ont participé, fuivant eux, à la queftion qu'ils ont foufferte ne favoit qu'ils employaffent cette formule ; ils auroient donc pu la fupprimer fans qu'on s'en apperçût ; & fans doute ils l'auroient fait fi le moment où ils l'ont employée avoit été pour eux, comme ils l'affirment, un moment de trouble, d'horreur & d'épuifement.

Mais, diront-ils, c'étoit notre habitude, nous avions l'ufage de figner ainfi. Cela n'eft pas vrai encore ; il eft prouvé par leurs lettres que dans l'ufage habituel ils fignoient fimplement leurs noms ; au bas de fes lettres, le fils de la femme Romain n'eft que le *Cerviteur Dujonquai*, comme on l'a vu au bas de celles qu'il a écrites au fieur Laville. Il en eft de même de fa mere. Ce n'eft que dans les actes juridiques qu'ils font, l'un F. Liegard Dujonquai, l'autre F. G. Gaillard, femme Romain. Ils favoient donc bien qu'ils faifoient un acte juridique chez M° Chenon ; ils avoient donc intention de le rendre valide autant qu'il dépendoit d'eux ; ils n'avoient donc alors aucune envie de le révoquer.

Enfin la tranquillité avec laquelle ils ont écrit ; la fermeté de leur main en écrivant, la netteté du corps de leur écriture feroient feules une démonftration de la liberté avec laquelle ils agiffoient. Nous avons déjà obfervé qu'à la confrontation, le Commiffaire ayant fait cette remarque à la femme Romain, elle n'y a répondu qu'en difant que cela n'étoit pas étonnant, parce que pendant les deux heures qu'ils avoient été obligés de l'attendre chez lui, ils avoient eu le tems de reprendre leurs esprits. Cet aveu est infiniment précieux ; il prouve que pendant tout le tems qu'ils ont passé chez le Commissaire ils ont joui du plus grand repos ; qu'ils avoient au moment de la rédaction des actes la plénitude de leurs facultés ; qu'ils n'étoient ni intimidés ni bourrelés ; qu'ils ont voulu dire la vérité, & qu'ils l'ont dite.

Que l'on daigne combiner toutes ces circonstances avec impartialité, & qu'on voie si elles sont compatibles avec la moindre idée de contrainte.

Que l'on y ajoute la probité connue, avouée même par les Verons, des Officiers accusés d'avoir été les complices de cette manœuvre ; que l'on pense combien il est peu probable, ou plutôt impossible, que le Comte de Morangiés ait en un instant séduit, corrompu trois hommes pourvus de Charges toutes différentes, toutes de confiance dans leur genre, tous trois regardés après trente ans d'exercice comme des modeles d'intégrité dans leur profession ; que l'on songe qu'un seul resté honnête faisoit évanouir le complot ; qu'il falloit que M. le Chauve eût vendu son secours, le sieur Dupuis sa neutralité, & M. Chenon sa complaisance ; qu'il falloit que le marché eût été proposé, discuté, conclu en un moment ; que d'après cette négociation précipitée, ces Officiers devenus les plus infames des hommes, en auroient été les plus imprudens ; que la remise des billets étant leur but unique & l'objet auquel ils avoient sacrifié leurs consciences & leur honneur, ils ne devoient pas abandonner un instant les Verons que cette remise ne fût consommée ; qu'au lieu de cela, M. le Chauve, M. Chenon, & le sieur Dupuis n'ont plus fait aucune espèce de mouvement dès l'instant où les escrocs dévoilés ont été déposés au Fort-l'Evêque, où ils ont joui de toute la liberté qu'on peut avoir dans une prison ; que si le sieur Debruguieres a continué de faire quelques démarches, ce n'a été que par condescendance pour la veuve Veron & ses filles, qui le lendemain, le sur-lendemain jusqu'au jour où d'autres vues ont fait éclorre un autre complot, le regardoient encore comme leur médiateur & leur sauveur ; que l'on daigne faire ces réflexions, & l'on s'étonnera sans doute qu'il ait été possible de balancer une minute sur cette étrange affaire ; on ne concevra pas que le roman des violences ait pu faire tant d'impreſſion, & précipiter le comte de Morangiés & les Officiers de Police dans l'abîme d'humiliation où le Bailliage du Palais les a plongés.

§. I I I.

Que les déclarations ſont juridiques.

Il y a des gens & d'honnêtes gens qui conviennent que le ſyſtême des violences eſt ridicule, mais ils ſe tourmentent l'eſprit pour en ſubſtituer un autre qui ſoit favorable aux Verons. Ils avouent que les anecdotes de la Requête & du Mémoire à ce ſujet ſont abſurdes, mais ils ne peuvent abandonner l'idée de la contrainte ; ils reconnoiſſent qu'il eſt impoſſible d'anéantir ces déclarations par un Jugement, mais ils ajoutent qu'on n'en a pas beſoin, qu'elles ſont nulles d'elles-mêmes, qu'elles ont été faites dans une ſorte de captivité, en préſence des Officiers de Police, par des gens qui n'étoient pas libres ; ce qui ſuffit, ſuivant eux, pour empêcher qu'on ne puiſſe les admettre au nombre des pieces juridiques, & diſpenſe les Juges d'y avoir égard. Telle eſt la fatalité qui pourſuit le Comte de Morangiés, que pour le perdre, on établit, même ſans mauvaiſe volonté, des principes nouveaux. Par un excès de ſcrupule, on ſe porte, d'une part, à lui ôter les reſſources que l'équité lui donne, & de l'autre, à conſacrer une injuſtice que tout démontre. Détruiſons donc encore ce ſyſtême qui ne part point de la corruption du cœur, mais d'une mépriſe de l'eſprit.

Les Verons n'étoient pas libres ! Qu'entendez-vous par-là ? Qu'ils n'avoient pas la faculté de s'enfuir ; qu'ils ne pouvoient pas battre impunément le Commiſſaire ; qu'on les auroit empêché d'inſulter le Comte de Morangiés : cela eſt vrai. Mais quant à l'uſage de leur langue, quant à la puiſſance de modifier les ſons qui ſortoient de leur bouche, la leur avoit-on ôtée ? Non, vous en convenez ; on n'avoit arraché d'eux aucune promeſſe qui les liât à parler de telle ou telle façon. Quand en effet le ſieur Debruguieres auroit réuſſi à leur faire contracter cet étrange engagement, à la vue du ſieur Dupuis qui le leur rappelloit *avec beaucoup de douceur*, & du Commiſſaire qui n'en ſavoit rien du tout, leur courage & leur liberté devoient renaître ; on les écoutoit, on écrivoit tout ce qu'ils difoient, on n'écrivoit que ce qu'ils difoient; ils étoient donc libres.

Mais ils n'avoient pas été chez le Commiffaire de leur plein gré, on les y avoit conduits fans les confulter. Et quel eft le criminel qui va volontairement fe préfenter à fon Juge ? Quel eft le filou qui fe livre de fon propre mouvement à la Juftice ? Un Accufé que l'on mène au lieu où il doit fubir interrogatoire n'eft donc pas libre non plus ; il l'eft fi peu que s'il tentoit de s'échapper on emploieroit légitimement la violence pour le retenir, & cependant fa dépendance n'affoiblit point la foi due à fes réponfes dans ce moment où l'idée de la plus dure captivité peut lui troubler l'efprit.

Il y a plus, la Maréchauffée, le Guet traînent tous les jours devant les Officiers prépofés (1) des hommes fimplement foupçonnés : c'eft fur leurs réponfes qu'on les relâche ou qu'on les referre provifoirement. On verbalife de ces fortes d'interrogatoires qui deviennent dans la fuite la bafe d'une procédure plus étendue. On verbalife même de ce que les objets de cette violence légale & indifpenfable ont pû dire dans leur première furprife aux Archers, aux Soldats qui les ont arrêtés. On tient compte de tout, on conftate tout par écrit. S'eft-on jamais avifé de vouloir rejetter ces pieces de l'inftruction, fous prétexte que ceux qui ont comparu n'étoient pas libres quand elles ont été rédigées ?

La maifon d'un Commiffaire eft-elle plus le féjour de l'effroi & de l'oppreffion que ce qu'on appelle l'entre-deux des guichets dans les prifons ? Les actes que les prifonniers paffent dans un lieu qui ne leur offre affurément pas même l'apparence de la liberté, en font-ils moins valables ?

Mais la Maréchauffée, le Guet, les Officiers devant qui ces gardiens du repos public traduifent en première Inftance tous ceux qui font foupçonnés de le troubler, font des Miniftres avoués par la Juftice. Tous ont droit d'arrêter un malfaiteur, ou de verbalifer des aveux qui lui échappent, & qu'étoient donc ceux qui ont arrêté les Verons ? Qu'étoit celui devant qui ils ont fait leurs déclarations ? Les uns font des Infpecteurs de Police chargés d'ordres du Roi ; les Verons n'effaient pas de rendre ce fait problématique.

(1) Et à Paris, ces Officiers font toujours les Commiffaires.

matique.

matique. L'autre eſt un Commiſſaire à qui on ne conteſte ſans doute ni ſa Charge, ni le droit de l'exercer, ni celui par conſéquent de faire des informations, de recevoir des plaintes, des dépoſitions, & tout ce qui tient à cette procédure.

Les ordres du Roi ne valent-ils pas au moins le cri public? Un Officier du Guet qui arrêteroit un inconnu ſur la clameur univerſelle qui le déſigne ſeroit-il repréhenſible? Non. Un Inſpecteur de Police qui arrête deux prêteurs ſur gages, ſur un ordre précis qui les nomme, excede-t-il ſa miſſion? Le Commiſſaire qui interroge le premier, qui l'examine, qui écrit ſes réponſes eſt-il un prévaricateur? Non. Le Commiſſaire qui écoute les ſeconds, qui reçoit leurs aveux, qui les conſigne dans un verbal authentique, eſt-il plus criminel?

Mais les fers, les menottes, dont il eſt prouvé que les mains de Dujonquai ont été chargés, n'eſt-ce pas là une violence ſuſpecte? Pas plus que le reſte. Approfondiſſons-en donc l'objet. Ce n'eſt ni chez le Procureur, ni chez le Commiſſaire qu'on emploie cette reſſource; c'eſt dans le trajet d'une maiſon à l'autre: on ne lie les mains à Dujonquai qu'en ſortant de la première; on les lui ôte en entrant dans la ſeconde: cela eſt prouvé au procès. On a donc eu des raiſons qui ne regardoient que la ſûreté du tranſport; & ces raiſons ſont que Dujonquai avoit voulu s'enfuir, qu'il avoit uſé lui-même de violence. Le ſieur Debruguiere, pour s'en aſſurer, crut devoir mettre en uſage ce moyen que la néceſſité force la Juſtice de tolérer tous les jours dans des cas pareils. Qu'on écarte les acceſſoires inventés pour rendre ce fait odieux; qu'on n'examine que la choſe & les perſonnes; qu'on ne voie qu'un prêteur ſur gages convaincu d'une eſcroquerie, qui veut éluder un éclairciſſement chez le Commiſſaire, & qu'on met dans l'impoſſibilité de s'y ſouſtraire, en lui ôtant la faculté de s'enfuir; & qu'on diſe comment ces fers ont pu influer ſur les déclarations, ou ſur la liberté néceſſaire pour les rendre valides.

Tout cela eſt vrai, dit-on: au fond il eſt clair que les déclarations ſont bonnes; mais la forme y a été violée. Si on veut les regarder comme des pièces juridiques, comme des interrogatoires, elles devoient être ſecretes; or elles ont été dreſſées en préſence des Officiers de la Police; c'eſt une irrégularité qui les annulle. Il eſt bien étrange que ce ſoit pour protéger des uſuriers convaincus de la plus criminelle efcroquerie, que l'on abufe ainfi du raifonnement.

D'abord qu'on fonge donc à la fituation des chofes & à l'état des perfonnes ; c'étoient des prêteurs fur gages encore une fois. Voilà pourquoi le fieur Dupuis, chargé de ce département à la Police, l'avoit été de cette affaire. Le Commiffaire Chenon a le même reffort dans ce qui concerne fes fonctions : voilà pourquoi on les avoit conduits chez lui. Or niera-t-on que les Infpecteurs de Police n'aient une jurifdiction fur des prêteurs fur gages ? Ne font-ce pas des Officiers en titre, pourvus d'une Charge qu'ils exercent fous les yeux & avec le concours du Magiftrat qui adminiftre la Police ?

Non-feulement ils pouvoient affifter aux déclarations, mais ils le devoient ; il falloit qu'ils en rendiffent compte au chef à qui fe rapportoit leur miffion. Les inftructions qu'ils en avoient reçues leur enjoignoient de ne conftituer les Verons prifonniers que dans le cas où ils n'éclairciroient point l'origine de leur opulence. Pour remplir ces ordres, il falloit que les Officiers fuffent ce que les Parties alloient dire ; ces aveux ou ces affirmations leur dévoient fervir de guide ou de décharge. Il falloit donc qu'ils fuffent inftruits de ce qui y étoit contenu.

D'ailleurs ce n'étoient pas des interrogatoires. D'après l'effufion de cœur de Dujonquai, quand le fieur Dupuis lui avoit parlé *avec beaucoup de douceur*, il étoit évident qu'il ne s'agiffoit de fa part que d'un hommage à la vérité : ce n'étoit plus une piece fecrete. Le fieur Dupuis, informé par lui-même de fes difpofitions intérieures, pouvoit bien l'être de la maniere dont il les manifeftoit. Il avoit reçu le premier aveu ; pourquoi fe feroit-il éloigné à la rédaction de l'acte qui le confirmoit ?

Il y a plus, étoit-ce à lui à fe deffaifir de la perfonne d'un coupable qui lui étoit confié, & qui, en s'accufant lui-même, néceffitoit une vigilance plus févere ? Si fa préfence importunoit Dujonquai, n'étoit-il pas le maître d'en faire l'obfervation ? Il fe dit *Docteur ès Loix*. Pouvoit-il ignorer que les nôtres autorifent un prifonnier à faire, quand on l'interroge, les requifitions qui lui conviennent ? S'il en avoit fait une pour obliger les Officiers de la Police à s'éloigner, & que ceux-ci l'euffent refufé, il ne feroit pas encore certain que l'acte rédigé fous leurs yeux fût nul. Il faudroit décider qu'ils n'avoient pas droit d'y affifter ; mais comment peut-on trouver un moyen de nullité dans une affiftance contre laquelle les accufés eux-mêmes n'ont jamais réclamé ? Il n'y a de nullités que celles que la Loi prononce. Or où eft la Loi qui défend à des Infpecteurs de Police d'être préfens aux déclarations que font chez les Commiffaires les prêteurs fur gages qu'ils ont ordre d'y conduire ?

Les déclarations du 30 Septembre font donc inattaquables dans tous les fens. Les Officiers de la Police avoient droit d'infpection fur ceux qui les ont faites ; elles font volontaires ; aucune forme n'y a été violée, & le fonds en eft à l'abri de toute efpece d'atteinte.

Mais on ne nous les a pas lues, difent les Verons. Nous les avons fignées fans favoir ce qui y étoit. Infcrivez-vous donc en faux. Attaquez donc, fi vous l'ofez, le Commiffaire qui a commis une fi horrible prévarication. Détruifez donc fa dépofition, celle de fon Clerc & celle du fieur Dupuis qui atteftent qu'elles vous ont été lues tout au long. Jufques-là la foi leur eft due, & il eft impoffible aux Juges de s'en écarter fans violer toutes les regles qui affurent le repos des hommes dans la Société.

Mais elles font de nous ; & les billets à la deftruction defquels vous prétendez les faire fervir font au profit de notre aïeule ; elles font pour elle une chofe étrangere, *res inter alios acta*. Si cette miférable chicane n'avoit pas été imprimée tout au long, croiroit-on qu'elle a pu jamais être hafardée ?

D'abord n'eft-ce pas vous & vous feuls aujourd'hui qui plaidez contre vos déclarations & pour les billets ? N'êtes-vous pas poffeffeurs des deniers ? Ne confondez-vous pas en vos perfonnes les droits de votre grand'mere ? Et fi la puérile diftinction que vous effayez d'établir a pu être admife pendant fa vie, n'eft-elle pas abfolument détruite par fa mort ?

Mais enfuite eft-ce elle qui prétend avoir porté fon or au Comte de Morangiés ? Eft-ce elle qui dit avoir négocié avec lui ? Non. Elle a toujours foutenu & vous auffi qu'elle n'avoit vu le Comte de Morangiés que quand tout avoit été confommé. Eft-ce donc d'elle qu'on pouvoit attendre des renfeignemens fur la tradition effective des cent mille écus ? Tout ce qu'elle auroit pu dire, c'eft qu'elle vous les avoit confiés ; mais ce n'étoit pas là ce qu'il s'agiſſoit d'éclaircir. Il étoit queſtion de ſavoir s'ils avoient été délivrés au Comte de Morangiés, s'ils étoient la valeur réellement fournie des billets; or vous ſeul étiez en état de faire connoître la vérité à cet égard. Vos déclarations ſont donc déciſives préciſément parce qu'elles ſont émanées de vous.

Celle de votre grand'mere laiſſeroit de l'incertitude. Il reſteroit encore à éclaircir ſi ce tréſor qu'elle diroit vous avoir remis, a été employé par vous ſuivant ſa deſtination; au lieu que quand vous avouez qu'il ne l'a pas été, tout eſt dit au moins pour le Comte de Morangiés; il eſt abſous, & le ſecret de ſes billets dévoilé.

La querelle reſte entre la veuve Veron & vous : ſi elle vous a remis de l'or, qu'en avez-vous fait? L'avez-vous partagé avec l'uſuriere Tourtera qui vous protege, avec Aubourg qui vous aſſiſté, avec Aubriot, Senneville, Gilbert & toutes les connoiſſances reſpectables qui *témoignent* pour vous. Peu importe. Le fait eſſentiel c'eſt qu'il n'a pas été remis au Comte de Morangiés; c'eſt qu'il a fait ſes billets dans l'eſpérance de le toucher, & que vous avez prétendu vous approprier ces billets ſans le fournir. Voilà ce que vos déclarations conſtatent, & ce que la poſſeſſion des billets même, ainſi que tout le reſte de votre fable, confirme,

§. IV.

Que la foi eſt due aux déclarations bien plus qu'aux billets.

L'idée des violences une fois écartée, le principe une fois bien établi que les déclarations ſont régulieres dans la forme, y a-t-il quelque comparaiſon à faire entre elles & les billets? C'eſt un grand préjugé ſans doute qu'un billet en faveur de celui qui le repréſente; mais ce n'eſt pas toujours une preuve; en lui-même c'eſt un titre muet, & qui ne décide rien. Il y a mille manieres par leſquelles il a pu parvenir dans des mains qui n'y ont aucun droit. Il a pu être volé, oublié, perdu. Quand le poſſeſſeur actuel même ſeroit celui au nom de qui il eſt fait, cela n'eſt pas encore déciſif; puiſqu'enfin, comme on le ſoutient ici, ce propriétaire peut être un agent infidelle qui ſe l'approprie en violant la condition dont la remiſe du billet eſt le fruit.

Il faut convenir que tous ces cas ſont poſſibles. Dans aucun l'effet ne change à l'extérieur. Que la ſomme qu'il ſtipule ait été payée ou non, il reste toujours le même. Il ne sauroit apprendre dans quel esprit il a été signé & délivré. C'est donc avec raison que nous avançons que c'est un titre douteux.

Il n'en est pas ainsi d'une déclaration juridique par laquelle le porteur du billet atteste qu'il n'en a pas *fourni la valeur*. On ne peut pas supposer-là d'intention secrete, ni de négociation convenue. Un pareil aveu est nécessairement le fruit de la crainte ou de la vérité. Or il est démontré ici que ce n'est pas la crainte qui a pu le dicter aux Verons. Reste donc que ce soit un hommage rendu par eux à la vérité.

Si maintenant on considere les circonstances qui accompagnent les deux systêmes; si l'on réfléchit à l'impossibilité de l'un & à la vraisemblance de l'autre, on sera encore plus étonné d'avoir pu balancer un instant. Pour que l'énoncé des déclarations soit faux & celui des billets vrai, il faut qu'un ancien Commissaire universellement respecté, un Procureur distingué par ses lumieres & trente ans de probité, un Inspecteur de Police vieilli avec honneur dans le plus délicat des emplois, & qui n'a jamais essuyé l'ombre d'un soupçon, se soient tout d'un coup laissés pervertir ; qu'ils aient vendu leur conscience sans hésiter à un homme qu'ils n'avoient jamais vu; qu'ils n'aient réfléchi ni sur les suites de leur prévarication ni sur les moyens d'en assurer la réussite ; & que le plus honteux, le plus abominable des marchés ait été conclu en une minute par des Officiers qui avoient passé toute leur vie à punir les complots de ce genre. Cela est-il croyable? Cela est-il possible ?

Au contraire, pour que l'énoncé des déclarations soit vrai & celui des billets faux, il n'est besoin que d'une chose bien naturelle, que des prêteurs sur gages aient cédé à la tentation de s'enrichir en un instant par la plus facile de toutes les friponneries. Nous l'avons déjà observé. Le Comte de Morangiés en se décidant à réclamer contre ses billets, devoit s'attendre à avoir tout contre lui. Les Officiers qui ont cherché, dit-on, à favoriser sa réclamation devoient faire des réflexions encore plus inquiétantes, & ces réflexions devoient agir plus fortement sur eux qui n'auroient jamais eu le même intérêt à les étouffer, quelle que fût la part qu'il leur eût faite du butin; mais les Verons, quels dangers, quels obstacles, quels embarras pouvoient-ils prévoir ?

S'ils parviennent à se faire payer, leur fortune est faite, ils jouissent le reste de leurs jours d'un sort heureux. S'ils échouent, combien peu leur sort changera-t-il ? Avilis déjà par leur manière d'exister, le seront-ils davantage par l'effort qu'ils auront hasardé pour l'améliorer ? Aux yeux de qui auront-ils à rougir ? Quelles sont leurs connoissances, leurs amis ? Est-ce l'usurière Tourtera, encore flétrie du séjour de l'Hôpital, & ses pareils, qui leur reprocheront une friponnerie malheureuse ?

Voilà quelle étoit la situation respective des Parties à la fin de Septembre 1771. Qu'on pese leurs intérêts mutuels ; qu'on combine avec les absurdités dont fourmille le Roman des Verons sur leur fortune, sur les violences qu'ils ont essuyées, & qu'on décide aux titres de qui la créance est due, en faveur de qui sont les probabilités ?

SECONDE PARTIE.

DES BILLETS.

§. I.

Que des billets peuvent être anéantis.

Les déclarations du 30 Septembre sont la contre-lettre des billets souscrits le 24 ; cela est évident. Mais quand il n'y auroit point de déclarations, les billets en seroient - ils plus valables ? Est-il vrai, comme quelques gens le soutiennent par un excès d'imprudence ou d'aveuglement, que des effets en papier ne puissent jamais être anéantis ; & que la preuve testimoniale ne puisse pas être employée contre la stipulation qui y est contenue ?

L'Arrêt du 11 Avril est une première réponse qui suffiroit seule contre cette inconcevable erreur. Il a admis la preuve testimoniale ; il a ordonné une procédure extraordinaire, pour vérifier le contenu des billets. Il a donc jugé que ces billets par eux-mêmes n'étoient pas des titres suffisans, & qu'ils pouvoient être confirmés ou anéantis ; que leur validité dépendoit de la preuve favorable ou contraire qui résulteroit de l'instruction. Sans cela rien ne seroit plus absurde que tout l'appareil de cette procédure. Si l'on vouloit aujourd'hui juger fur les billets feuls, l'Arrêt du 11 Avril feroit une injuftice & une dérifion : une injuftice en ce qu'il auroit privé les Parties de leur bien pendant plus d'un an : une dérifion parce qu'il auroit prodigué fans objet les formes les plus redoutables de la Juftice.

Dans le fait, le fort des billets dépend donc d'une preuve poftérieure ; mais dans le droit l'Arrêt du 11 Avril a-t-il mal jugé ? Non fans doute ; un débiteur qui, après avoir foufcrit des obligations, fe borne à incidenter, à nier légérement le fait, à déclamer contre fon créancier, doit être déclaré non - recevable. Le titre eft contre lui ; il faudra qu'il paie ; mais s'il articule un délit, s'il offre de prouver que c'eft par un crime qu'on a acquis ce titre, s'il rend plainte, la Juftice lui impofera-t-elle filence ? Sera-t-elle fourde à fes prieres ? N'aura-t-elle des oreilles que pour exaucer les coupables, & des mains que pour les favorifer ? Qui oferoit le dire ? Un vol en papier n'eft pas moins puniffable à fes yeux qu'un vol en argent ; & jamais elle n'a entendu refufer fon fecours à quiconque lui en dénonceroit un du premier genre.

Ce que la raifon dit ici la Jurifprudence le confacre. Par la voie civile un billet eft inattaquable ; mais par la voie criminelle il peut être attaqué & anéanti : c'eft ce qui arrive tous les jours. Nous avons déjà cité l'année derniere des Arrêts précis fur cette matiere. Le 21 Août 1762, des billets faits par un Fermier-Général, majeur, & portant *valeur reçue comptant* au profit d'un Paumier nommé *Pafchal Baudot*, ont été *déclarés nuls* ; & défenfes faites à Beaudot *de récidiver, fous peine de punition exemplaire.* Le même jour & la même année, quatre billets faits par la Dame *Meaux* & le fieur *Bourgoing*, au profit d'un nommé *Blayet*, ont été *déclarés nuls, & rendus* à leurs auteurs. Le 27 Août 1764, onze lettres de change acceptées par le fieur *Veillet de Montmarfon* ont été *déclarées nulles* ; les dettes réduites fur l'affirmation du débiteur, & les ufuriers qui les avoient furprifes condamnés *au carcan*, *au fouet*, *à la marque* & *aux galeres.* Le 29 Juillet 1745, un Marchand Mercier, nommé Paul Colomby, avoit été condamné au banniffement pour des lettres de change ufuraires, & *les lettres annullées.* On citeroit mille exemples du même genre. S'il y a jamais eu un point conftant dans notre Jurifprudence, c'eft ce lui-là.

Pourquoi donc aujourd'hui femble-t-il douteux ? Pourquoi de

bons esprits même semblent-ils le méconnoître ? Comment ont-ils pu adopter ce principe, que des billets étoient indestructibles, quelle qu'en fût la cause : principe infiniment dangereux & non moins ridicule : principe qui légitimeroit encore une fois une nature de vol, & avertiroit les brigands de borner leurs coups de mains à des effets ainsi privilégiés & respectés de la Justice. Quoi ! on pourroit prendre des Lettres de rescision contre un acte fait pardevant Notaires, & il ne seroit pas permis de se pourvoir contre une signature surprise & donnée sans témoin. Un filou qui dérobe une pistole dans la poche seroit flétri d'un châtiment irrévocable ; & s'il a volé des effets pour cent mille écus, il seroit admis au rang des Citoyens irréprochables ; il jouiroit avec honneur d'une fortune aussi illégitime. C'est bien-là le cas où, au nombre des talens nécessaires au repos des hommes, il faudroit compter celui de ne savoir pas écrire. Il n'y a point de Citoyen qui ne dût s'écrier, comme cet Empereur si détesté depuis, mais si justement adoré pendant ses premieres années : *Quam vellem nescire litteras !*

Mais, dit-on, ce sera un désordre affreux dans le commerce. Tous les débiteurs useront de cette ressource pour se dispenser de payer & pour éluder les échéances. D'abord cette crainte doit être détruite par le fait. Les Tribunaux admettent la voie criminelle contre des billets, & cependant ils ne sont pas accablés de procès criminels occasionnés par des billets. Cette juste condescendance ne peut donc pas produire une licence dangereuse.

Dans la spéculation il est aisé de voir que ce péril n'est pas à redouter. Il le seroit peut-être si c'étoit par la voie civile qu'on admit les débiteurs à se pourvoir contre leurs engagemens ; mais tant qu'ils ne le pourront que par la voie criminelle, il n'est pas à craindre qu'ils en abusent. Elle n'est pas sans risque pour celui qui succombe. Il y a des dommages-intérêts à appréhender. La Justice a même des punitions plus graves qu'elle peut infliger à une mauvaise foi trop marquée ; & enfin s'il y avoit des inconvéniens à admettre quelquefois une réclamation qui sera nécessairement rare, il y en auroit infiniment davantage à la proscrire toujours. La cupidité est encore moins scrupuleuse que le besoin. Elle seroit certainement plus hardie à exiger des titres illégitimes que celui-ci à les nier.

C'est donc un axiome, & un axiome utile, que des billets peuvent être anéantis.   §. II.

§. II.

Quels sont les billets qui peuvent être anéantis ?

Tous, s'ils sont usuraires, ou si la propriété n'en est pas légitimement acquise. Que l'usure soit un moyen légal, suffisant pour forcer les Tribunaux à anéantir des billets, on n'en sauroit douter d'après ce que nous avons dit, page 60 du Supplément aux Observations. Nous y avons prouvé que la Législation & la Jurisprudence s'accordent sur ce point. Nous avons cité les Ordonnances & les Arrêts de réglement, qui non-seulement proscrivoient les stipulations usuraires, mais qui, en anéantissant les billets infectés de ce genre de délit, en soumettoient la valeur réelle à l'affirmation du débiteur. C'est de sa bonne foi & de son serment que la Justice a fait dépendre la quotité de la restitution effective. Cela n'a rien d'inique, parce que le créancier ayant une fois violé la Loi, est devenu suspect & indigne de sa confiance.

Mais si, pour autoriser à dissoudre un titre, c'est assez qu'il soit défectueux dans une partie, que sera-ce s'il l'est dans sa totalité ? Si un intérêt trop fort exigé d'un capital réellement fourni suffit pour en annuller la reconnoissance, combien méritera-t-elle moins de ménagement s'il n'y a eu aucune remise de fonds, & si la possession du titre n'est due qu'à la fraude & à la surprise ?

Les Verons autrefois combattoient de front ces principes. Ils soutenoient en général & indistinctement, qu'un billet ne pouvoit jamais être éludé que par une quittance. Aujourd'hui ils sont devenus plus modestes ou moins hardis. Dans les *Preuves résultantes* ils ont modifié leur système. Ce ne sont plus tous les billets qu'il faut payer quand on les représente. Ils conviennent, page 17, qu'*un homme auquel on a escroqué des effets sans nom de Propriétaire, tels que des billets au porteur, des actions des Fermes, & même des lettres de change & billets à ordre, sur lesquels le dernier endosseur A MIS SON NOM EN BLANC ; peut sans doute rendre plainte en vol, en escroquerie :* parce que, disent-ils, le blanc peut être rempli du nom de l'homme infidele qui s'empare de l'effet ; mais il n'en est pas de même quand il s'agit, comme ici, d'effets où il n'y a point de signature en blanc dont on ait pu abuser.

E

Eſt-il poſſible qu'on ſe ſoit flatté, avec de pareils raiſonnemens, de faire illuſion ?

D'abord nos Adverſaires nous feroient plaiſir de nous apprendre ce que c'eſt qu'*une ſignature en blanc*, ce que c'eſt que de *mettre ſon nom en blanc* ſur un papier. Eſt-ce écrire avec une liqueur blanche ? Non. Ce n'eſt pas-là ce qu'ils ont voulu dire. Eſt-ce laiſſer vuide la place du nom, ne le pas écrire ? Non encore : alors il n'y aura pas de billet. On entend ce que c'eſt qu'une promeſſe en blanc ; c'eſt celle où on n'énonce pas la ſomme promiſe. Comme il y a deux choſes dans une pareille piece, l'une peut manquer ſans que la piece ſoit détruite ; mais un nom mis en blanc, qu'eſt-ce ? Si je l'écris il n'eſt plus en blanc, & s'il reſte en blanc je ne l'écris donc pas. Ce n'eſt donc pas contre ces ſortes d'effets qu'il ſeroit permis de ſe pourvoir, puiſqu'ils ne peuvent pas exiſter de cette nature. Voilà pourtant comme nos Adverſaires raiſonnent, comme ils écrivent ; & ils diſent quils perſuadent. *Gaudeant benè nati.*

En tâchant de deviner ce qu'ils ont voulu dire, nous entrevoyons qu'ils ont entendu parler des effets qui ne portent pas un nom de propriétaire direct, & où celui de l'acquéreur eſt *laiſſé en blanc* ; ce ſont ceux-là ſeulement, ſuivant eux, qu'il eſt permis d'attaquer ; mais ceux qui ſont faits au profit d'un prêteur déſigné & ſpécifié ſont à l'abri de toute atteinte. Voilà ce qu'ils ont voulu dire apparemment, puiſqu'ils citent pour exemple l'énoncé des billets du Comte, qui portent, reçu de M^c *Anne Regnault . . . la ſomme de . . .*

Mais ſi ce principe étoit admis, il s'enſuivroit donc qu'avant qu'il y eût des actions des Fermes, ou dans le tems que les billets au porteur étoient prohibés, il n'y avoit point d'engagement que la Juſtice pût anéantir ; ce qui eſt démenti par le fait & par le droit.

Enſuite où eſt donc établie cette diſtinction ? Sur quoi eſt-elle fondée ? Le billet au porteur ne ſuppoſe-t-il pas, comme toute autre eſpece d'engagement, que la valeur en a été fournie par celui qui le repréſente ? Pourquoi ſeroit-il moins ſacré ? Ce que la Juſtice regarde dans un effet dont elle ordonne le paiement, ce n'eſt pas le nom du créancier, c'eſt celui du débiteur ; & ſi celui du premier peut quelquefois faire impreſſion ſur elle, c'eſt quand ſa profeſſion, ſes habitudes le rendent, comme ici, légitimement ſuſpect; alors bien loin qu'il y eût pour le coupable un avantage à produire un billet à ordre ſtipulé à ſon profit, ce ſeroit au contraire une reſſource de plus pour l'inculper, que n'offriroit pas un ſimple billet au porteur.

Mais la facilité de s'en emparer eſt, dit-on, plus grande à l'égard de cette derniere ſorte d'effets; voilà pourquoi les Tribunaux ſont plus faciles auſſi à admettre la réclamation. Cette ſubtilité eſt abſurde, & la conſéquence en ſeroit très-dangereuſe. Si une fois je ſuis imprudent au point de confier à un agent malhonnête des billets paſſés à ſon profit, c'eſt la même choſe que ſi je lui remettois un billet au porteur; ſi l'abus de confiance n'eſt criminel, ou du moins criminellement pourſuivi que dans un de ces deux cas, tous ceux que l'on voudra commettre ſeront déſormais déguiſés ſous la forme privilégiée; tous les agioteurs, capables de s'approprier des effets qu'on leur aura remis pour les négocier, les feront paſſer à leur ordre, ou à celui de quelqu'un de leurs aſſociés; ils ne trouveront pas de réſiſtance de la part de l'emprunteur que le beſoin & l'eſpérance mettent à leur diſcretion; tous alors deviendront hardis & prévaricateurs comme la veuve Veron & ſes enfans; tous diront, comme la veuve Veron & ſes enfans, voilà dans nos mains des billets qui ont un propriétaire direct: donc nous en avons fourni la valeur: donc il faut nous la payer. Il n'y a donc point de billets qui ne puiſſent être anéantis quand la poſſeſſion en eſt illégitime.

Mais, dira-t-on, ce danger dont vous venez de parler n'eſt-il pas chimérique? Pour qu'il fût réel il faudroit que l'on pût confier à ces agioteurs des billets ſans précaution contre leur infidélité; il faudroit qu'on n'exigeât pas d'eux de reconnoiſſance comme ils n'ont pas fourni cette valeur; & une pareille imprudence n'a jamais été commiſe que par le Comte de Morangiés. Voilà ce que l'on dit dans le monde, voilà ce que d'honnêtes gens croient & ce qu'ils accréditent de bonne foi. Otons donc encore cette reſſource aux Verons, avant que d'examiner leurs billets en eux-mêmes.

§ III.

Qu'il n'est ni extraordinaire ni rare que l'on confie à des Cour-
tiers des billets sans reconnoissance pour les négocier, & qu'ils
prétendent se les approprier.

La premiere partie de cette proposition est démontrée par
l'usage constant & habituel du commerce; on peut consulter tous
les Négocians, tous les Agens de change, tous les Banquiers; il
n'y en a pas un qui ne convienne que chez eux c'est toujours le
papier qui vient chercher l'argent, & que celui qui fournit les
especes, ou qui les fait fournir, a toujours entre les mains le
titre du prêt ou la quittance avant & très-communément long-
tems avant que le prêt ou le paiement soit effectué. Qu'on
relise le Plaidoyer pour le Comte, pag. 98 & suiv. on y verra
combien les usages des différentes places sont d'accord à cet
égard, & à quel point l'oubli des précautions sur cet article y
est porté ; les personnes peu instruites des procédés du commerce
en sont étonnées, mais les faits n'en sont pas moins certains.

A la bonne heure, dit-on, cet oubli peut avoir lieu envers
des Courtiers connus, des Agens de change en titre, des Banquiers bien famés ; mais non pas envers des Agioteurs obscurs,
comme vous dites qu'étoient les Vérons ; ce n'est pas pour de
semblables Courtiers qu'on se pique d'un abandonnement aussi
aveugle ; ils n'ont rien qui pût motiver la confiance, ou au
moins la justifier.

Ceux qui raisonnent ainsi connoissent bien peu l'empire du
besoin, & la maniere dont se traitent les affaires entre ceux que
ce maître despotique réduit à se servir des Usuriers, de ces Agens
coûteux que la cupidité lui dévoue. On va bien au-delà de la
confiance ; avec les Prêteurs sur gages, par exemple ; quand on
leur remet des effets pour nantissement, non-seulement ils n'en
donnent point de reconnoissance, mais ils exigent qu'on leur
en passe une vente en forme ; de sorte qu'ils ont entre les mains
un titre écrit qui les en rend propriétaires ; ce n'est donc plus que
leur bonne foi que l'on a pour garant de la restitution ; & c'est
pour les préserver de la tentation d'être infideles que la Police
est si févere, si inexorable à la moindre apparence d'une infidélité.

Quand, au lieu d'étoffes ou de bijoux, c'eſt du papier que leurs négociations ont pour objet, croit-on qu'ils permettent à ceux que la néceſſité oblige de paſſer par leurs mains, de s'y mettre plus à l'aiſe & de leur impoſer la loi ? A la moindre marque de défiance, ſur-tout s'ils ont de mauvaiſes intentions, ils ſe révoltent avec hauteur : leur délicateſſe apparente s'épanouit en raiſon de la corruption de leur cœur; ils ſe récrient qu'on les inſulte; & mêlant l'adreſſe à la fierté, ils annoncent que l'affaire manquera. Le malheureux emprunteur, tyrannisé par le beſoin & par l'eſpérance, craignant de mettre lui-même obſtacle au ſuccès de la négociation, raſſuré par l'exemple, par l'uſage journalier, par la conviction intime de la néceſſité où il ſe trouve de courir dans un ſens ou dans l'autre quelques dangers, ferme les yeux & ſe laiſſe conduire; il livre ſes effets ſans caution, ſans garantie d'aucune eſpece; on n'en abuſe pas toujours, mais ſouvent.

C'eſt ce qui a fait établir à la Police un département exprès qui ne s'occupe que de cette ſorte d'eſcroquerie; c'eſt celle dont le ſieur Dupuis étoit ſpécialement chargé; il n'y a point de jour peut-être où pendant trente ans d'exercice il n'ait reçu des plaintes contre des eſcrocs de l'eſpece des Verons, contre des faiſeurs d'affaires obſcurs, qui avoient profité de leur obſcurité même pour tromper avec plus de facilité. Il n'y a point de jour où il n'ait été dans le cas de courir à la recherche des effets ainſi ſurpris, d'en procurer la reſtitution forcée. S'il avoit prévariqué dans l'affaire du Comte de Morangiés, il y auroit dans Paris peu d'hommes plus criminels que lui, puiſque ſa vie ſe ſeroit paſſée preſque toute entiere dans l'habitude de ce crime ſalutaire pour la ſociété, de ces ſervices non interrompus rendus à des familles qu'une facilité imprudente du chef ou des membres expoſoit à une ruine frauduleuſe.

Si les Tribunaux réguliers vouloient connoître de toutes ces affaires, comme la fatalité des circonſtances les a conduits à s'occuper de celle du Comte de Morangiés, ce ſeroit le moyen ſûr de les multiplier. Quel Uſurier ne ſeroit pas enhardi dans ſes brigandages, s'il pouvoit ſe flatter que, pour s'aſſurer le ſuccès & l'impunité, il ne faut que mettre les formes de ſon côté, & haſarder les déclamations les plus atroces contre les Officiers deſtinés à le contenir ? Quel particulier trompé par eux pourroit en obtenir Juſtice ; s'il falloit ſe réſoudre à ſoutenir l'éclat d'un procès criminel, à combattre les manœuvres odieuſes employées par des gens qu'aucun ſcrupule n'arrête, & conſacrées par un premier Juge que la prévention peut aveugler ?

Ne voit-on pas depuis un an les efforts ruineux que font deux hommes de lettres connus & un Libraire, pour ſe procurer juſtice contre une vexation de ce genre ? Ils ont eſſuyé préciſément la même eſcroquerie que celle dont ſe plaint le Comte de Moran-giés ; ils ont confié des billets pour en toucher l'argent ; ils n'ont point touché cet argent, & on demande le paiement de leurs billets. Renvoyés en Juſtice reglée, il ont déjà eu à ſurmonter toutes les chicanes que les formes judiciaires permettent à la fraude de tenter pour égarer ou laſſer les Adverſaires ; & à peine ſont-ils au commencement du procès. Si la Police effrayée par le terrible exemple de la procédure du Bailliage, ne leur avoit re-fuſé ſon ſecours, il y a long-tems qu'ils ſeroient hors d'affaire, & leurs juſtes inquiétudes ceſſées.

De tout ce qui précede il réſulte donc que malgré la corrup-tion de nos mœurs & l'indulgence quelquefois funeſte de nos Loix, la friponnerie n'a point encore réuſſi à ſe pratiquer d'aſyle inacceſſible aux recherches des Magiſtrats, & qu'un eſcroc n'a pas le droit de dire à la Juſtice, comme Dieu aux flots de la mer : tu viendras juſques-là, & tu n'iras pas plus loin. D'une part, toute eſpece de titre, s'il eſt uſuraire & frauduleux dans ſon principe, peut être anéanti ; de l'autre, il eſt très-commun dans la ſociété qu'il s'y trouve des effets dont la poſſeſſion n'eſt due qu'à la fraude. Voyons dans quelle claſſe il faut ranger ceux que les Verons repréſentent ; examinons-les dans la forme & au fond.

§. I V.

Que les billets du 24 Septembre ſont uſuraires & portent un énoncé faux.

Dans la forme, ces billets ne peuvent qu'être proſcrits par les Tribunaux ; ils ſont uſuraires ; on ne répete que 300000 livres, & ils ſtipulent 327000 livres reçues ; ils portent intérêt, & le capital eſt exigible. La Loi prohibe ces ſortes d'engagemens.

Si les Tribunaux les tolerent, quelquefois pour la facilité du commerce, c'eft lorfqu'il n'y a pas d'autres raifons de les réprouver que cette ftipulation défendue. Mais quand le fond même de l'écrit eft attaqué, quand l'écrit fe trouve dans des mains fufpectes & avilies, la rigueur de la Loi doit prévaloir ; il ne faut pas que le prêteur qui a prévariqué perde ce qu'il a réellement fourni, mais il faut qu'on ouvre des reffources à l'emprunteur pour ne reftituer que ce qu'il a réellement fourni.

2°. Les billets dont il s'agit portent un énoncé faux. On y lit que la valeur en a été reçue comptant de la veuve Veron ; & la veuve Veron elle-même publie qu'elle n'a point vu le Comte de Morangiés ; qu'il n'a rien reçu d'elle ; que c'eft hors de chez elle, par l'entremife de fon fils, que la valeur a été délivrée. Cette contradiction entre fon titre & fes aveux eft choquante ; elle décele qu'il y a eu quelque raifon fecrete pour la foufcription de ces billets ; elle autorife au moins des foupçons violens contre la réalité de la délivrance du montant ; elle annulle l'engagement jufqu'à ce qu'il ait été démontré d'ailleurs.

Mais, difent les Veron d'un ton léger dans un de leurs Libelles *, *prétendrez-vous être en droit de revenir fur un billet ; par ce qu'un domeſtique vous en auroit porté la valeur de la part de fon maître, & que vous auriez fait le billet au nom du maître véritable propriétaire de l'argent ? Peut-on rien dire de plus ridicule? Rifum teneatis amici ?* Une citation d'Horace n'eft pas ici d'un grand poids ; il vaudroit mieux de la raifon, & fur-tout de la bonne foi.

Non, fans doute, la médiation du domeftique ne feroit pas une preuve contre l'énoncé du billet, s'il atteftoit avoir en effet porté l'argent. Mais s'il avoit déclaré en Juftice qu'il ne l'a pas porté ; s'il avoit attefté fous la foi du ferment que jamais ces efpeces n'ont été remifes par fon moyen, fans doute on feroit en droit de revenir contre le billet. Or Dujonquai, qui prétend avoir ici rempli l'emploi du domeftique porteur, a auffi fait la dénégation ; & c'eft fon aveu qui annulle l'énoncé du billet. Voilà pour la forme.

* RÉPONSE aux Obfervations, page 5.

§. V.

PREMIERE PREUVE.

Que la valeur des billets n'a pas été fournie par les Verons,
tirée du récit qu'eux-mêmes font de la maniere dont leur est
parvenue cette valeur.

Vous redemandez cent mille écus que vous dites avoir prêtés.
Les aviez-vous ces cent mille écus? D'où venoient-ils ces cent
mille écus? Où les teniez-vous ces cent mille écus?

Cette question à laquelle la sagacité du Magistrat chargé de la
Police, lui avoit si sagement fait réduire la Cause, en est le nœud.
Il y a des personnes qui la trouvent inutile & odieuse. On ne
doit point être obligé, disent-elles, de rendre compte de l'origine
de sa fortune; c'est une inquisition que de pareilles recherches,
je possede parce que je possede, &c.

Il faut toujours faire la même réflexion; c'est qu'il est bien
étrange que pour défendre des Usuriers, pour protéger des êtres
qui, quand ils seroient innocens de l'escroquerie dont on les
accuse ici, ne mériteroient par leur maniere d'exister habituelle
que le mépris général de la société, on se creuse l'esprit, qu'on
cherche tous les sophismes imaginables, qu'on s'obstine à fermer
les yeux aux vérités les plus constantes, & à adopter les principes
les plus dangereux. Sans doute, si un Citoyen paisible & obscur
qui jouit tranquillement avec sa famille d'une fortune amassée
dans le secret & l'économie, se trouvoit exposé à des recherches
inquiétantes sur l'origine de son aisance, si on lui demandoit
compte des voies par lesquelles il l'a établie & accrue; si des
Inspecteurs de Police venoient, sans plainte, sans motif, lorsqu'il
ne demande rien à personne, le traduire chez un Commissaire
& l'obliger à y signer un acte déshonorant & ruineux, ce seroit
une persécution révoltante contre laquelle il faudroit que tous
les hommes honnêtes se récriassent.

Mais quand des Usuriers cachés dans la plus vile classe de cette
espece d'hommes si vile par elle-même; quand des Prêteurs sur
gages, réduits à subsister du misérable bénéfice que peut rapporter un prêt de trois écus, se présentent effrontément devant les
Tribunaux & accusent un homme de naissance, honoré d'un des
premiers grades militaires, de leur avoir volé cent mille écus
qu'ils

qu'ils ont avoué eux-mêmes la faufleté de leurs imputations, &
que cependant ils y reviennent fans autre appui que des billets
dont ils ne font devenus maîtres que par un délit, la Juftice
feroit elle excufable de ne pas approfondir la fource de leur
prétendue richeffe? ne doit-elle pas faire dépendre fa décifion
de la réalité de cet or qu'ils réclament? Et s'il eft prouvé qu'il
n'a jamais exifté, ne font-ils pas convaincus d'un complot infame
qui mérite toute fa févérité?

Les Veron ont fi bien fenti que la première démarche effentielle pour eux étoit de donner une généalogie à leur tréfor, que
c'eft par-là qu'ils ont commencé avant même qu'on la leur de-
mandât. Ils pouvoient choifir; leurs cent mille écus attendoient,
comme ces parvenus élevés du fein de l'indigence, qu'une main
adroite leur donnât un pere. Ils pouvoient dire qu'ils les avoient
gagnés au jeu, à la loterie, dans ces fortes d'incidens où le hafard
d'un inftant peut procurer une richeffe folide; mais on auroit
demandé des détails, des dates, des époques.

Les loteries ont des regiftres; il auroit fallu citer les numéros
heureux, & on auroit vérifié. Le jeu peut procurer une opulence
plus rapide & plus fecrete: cependant on ne joue pas en plein
air; on ne gagne pas cent mille écus fur une carte; des gens de
la claffe des Veron fur-tout n'auroient pas été admis à les ris-
quer, ou du moins à les emporter fans foupçon de la part des
perdans; la Juftice auroit voulu qu'on lui en défignât quelques-
uns; elle auroit voulu connoître le lieu de la fcene. Sur tous ces
renfeignemens il y avoit du rifque à avoir l'imagination trop fer-
tile ou trop pareffeufe.

Les Veron fe font déterminés pour le roman le moins dangereux dans leur idée, pour un roman où ils ne fuffent obligés de
citer que deux témoins morts. Rien ne prouve mieux la faufleté
d'un récit que l'abfurdité des circonftances dont on le charge.
Si je raconte un fait, & que tous les détails que j'accumule fe
trouvent ou improbables, ou impoffibles, ou démentis par d'autres parties de mon hiftoire, il en réfulte que le fond n'eft qu'une
impofture. Nous allons donner un abrégé de celle des Veron,
en nous fervant de leurs propres termes autant qu'il nous fera
poffible; nous y joindrons des notes courtes pour épargner le tems
des lecteurs & le nôtre.

F 3

« *Veron le pere étoit Banquier. ON LE PROUVE PAR UNE*
» *MULTITUDE D'ACTES* * ».

* Voyez le Mé-
moire signé Ver-
meil en 1772,
page 5.

On ne cite que son extrait mortuaire & le contrat de mariage
de sa belle-fille. Or rien ne prouve moins une qualité réelle que
des qualités prises dans des actes sur lesquels elles n'influent pas.
D'ailleurs, celle de Banquier n'indique ni la richesse, ni l'indigence ; c'est le titre que prennent dans le commerce ceux qui
n'en ont pas, comme celui d'Avocat sert à couvrir dans le monde
l'inutilité de bien des gens qui se l'approprient sans conséquence.

* Ibid.

« *Il occupoit rue Quincampoix une maison de 1080 livres de*
» *loyer* * ».

Il en étoit principal locataire, il n'en occupoit qu'une partie.

* Voyez tous les
Mémoires & tous
les Libelles.

« *Sa veuve avoit de l'argenterie ; plusieurs personnes attesten*
» *avoir mangé chez elle dans des plats d'argent* * ».

Ces plats étoient-ils à elle ? N'appartenoient-ils pas à un Trai-
teur ? Une partie de ces personnes que l'on cite comme témoins
de cette propriété brillante, telles que le sieur Guy & la Dame
Duchesne, l'ont désavouée par écrit ; combien cela doit-il donner de soupçons sur la complaisance des autres ?

* Voyez les preu-
ves résultantes du
Procès, page 20.

« *A Vitri-le-François elle a vécu avec magnificence* * ».

Le Comte n'a cessé de demander pendant l'instruction que l'on
fît une enquête à Vitri sur ce fait, & le Juge du Bailliage s'est
obstiné à le refuser. Le Comte avance & offre de prouver que
cette famille entiere a vécu à Vitri dans la plus triste obscurité,
qu'elle n'occupoit qu'une maison de 120 livres de loyer, dont
le rez-de-chaussée consistoit en deux pieces, & qu'il n'y avoit
que ces deux pieces de meublées.

* Mémoire de
1772, p. 7 & suiv.

« *Son opulence venoit d'un fidéicommis de 260000 livres en*
» *or, & de beaucoup de vaisselle d'argent à elle restituée par le*
» *sieur Chotard, Receveur des Domaines en 1739, après la mort*
» *de son mari* * ».

Ce sieur Chotard est mort insolvable envers la Ferme de plus
de 200000 livres. Le fait du fidéicommis a été nié par la Romain dans les confrontations.

« *Ces 260000 liv. reçues EN OR ont été confiées EN OR à l*

» Gillet, Notaire, qui les a fait valoir pendant vingt ans à son
» profit, & en payoit l'intérêt. En 1760 la veuve Veron lui a rede-
» mandé son dépôt, & l'a prié de le restituer EN OR, comme elle
» le lui avoit donné, parce que si le séjour de la Province lui
» plaisoit, il étoit possible qu'elle y fît l'acquisition d'une Terre * ».

* Ibid. pag. 7, 8 & 9.

Mᶜ Gillet est mort en 1762 ; son extrait mortuaire est produit.
Voilà pourquoi on suppose qu'on lui a retiré l'or en 1760 ; cela
prouve l'art des fabricateurs de ce conte. Mais voici un malheur
qu'ils n'ont pu prévoir ni parer.

Dans l'inventaire de Mᶜ Gillet, fait après sa mort, on trouve
un billet du sieur Veron, daté du 9 Janvier 1734, qui n'a point
été acquitté, & qui est mis au rang des dettes douteuses ou per-
dues. L'extrait de l'inventaire est produit. Maintenant combien
de réflexions à faire sur cette pièce. Veron, le prétendu Banquier,
faisoit donc bien peu d'honneur à ses engagemens, puisqu'il n'a
pas acquitté en six ans, de 1734 à 1739, un billet d'une aussi
petite conséquence. Il n'étoit donc pas riche : sa succession ne l'a
pas acquitté : Mᶜ Gillet ne l'a pas représenté : Veron est donc
mort insolvable. Mᶜ Gillet n'a pas exigé le paiement de la veuve :
il n'a donc pas eu à elle 260000 livres ; il ne lui en a donc pas
payé l'intérêt pendant vingt ans à six pour cent.

On conçoit que la veuve étant séparée de biens, & n'étant pas
tenue des dettes de son mari, il n'auroit pu la forcer à acquitter
ce billet ; mais s'il y avoit eu entre eux une liaison si intime, si
la confiance d'une part avoit été au point de lui remettre sans reconnoissance 260000 livres, & la complaisance de l'autre jusqu'à payer pendant vingt ans l'intérêt de cette somme à six
pour cent, par conséquent à un taux au-dessus de la loi ; la délicatesse de la veuve n'auroit-elle pas exigé qu'elle commençât par
tenir compte d'un objet aussi modique à un ami aussi généreux ;
& celui-ci qui dérogeoit aux usages, aux réglemens de sa Compagnie par cette négociation usuraire, auroit-il eu le scrupule de
ne pas se prévaloir de son titre, & de ne point diminuer son fardeau en se débarrassant de cet effet inutile ? Cela est-il croyable ?
Observez d'ailleurs quel étrange motif elle donne à la restitution
du dépôt. N'est-ce pas au contraire en partant qu'elle devoit
craindre d'exposer son or aux dangers d'un voyage ? N'étoit-ce
pas le moment de le confier à un Officier public, sauf à en faire
l'emploi par lui au moment d'une acquisition ?

« *Elle l'emporte à Vitri EN OR* * ».
Comment? On n'en dit rien.

« *Elle le cache soigneusement à toute sa famille, & sur-tout*
» *son gendre, parce que c'étoit un joueur* * ».

Et en mourant elle déclare lui avoir prêté & avancé 200000
livres ; étrange maniere de lui faire croire qu'elle étoit pauvre.

« *En 1769 elle veut revenir à Paris ; avant son départ elle ven-*
» *dit tous ses meubles, soit parce que le transport en auroit été em-*
» *barrassant & coûteux, soit parce qu'elle étoit bien aise de rempla-*
» *cer, par les deniers qui proviendroient de cette vente, la somme*
» *qu'elle avoit été forcée de prendre, pendant son séjour à Vitry, su*
» *les 30 000 livres qu'elle y avoit apportées ; soit enfin parce qu*
» *Paris elle seroit à portée de se former un nouvel AMEUBLE*
» *MENT, conformément à l'état que son fils pourroit y remplir* »

Un nouvel ameublement! Elle en avoit besoin en effet. Il e
prouvé dans l'instruction, qu'à leur retour, elle & toute sa fa
mille ont couché pendant six mois au fauxbourg Saint-Antoine
chez le sieur Caquet, qui en est convenu, à plate terre, sans bo
de lit, sans rideaux. Quelle étrange négligence de la part d'un
femme qui avoit vendu ses anciens meubles pour se procurer l
plaisir d'en avoir de nouveaux !

Elle saisit l'occasion d'une foire annuelle où des Juifs se rende
à Vitry le François, pour y vendre ses diamans & ses bijoux, o
jets moins précieux pour la vieillesse que l'or qu'elle se plaît à
cumuler. Ce sont les propres termes du Mémoire de 1772.
Des diamans! Une foire! Des Juifs! Quel inconcevable mélange
Et puis, quel est donc ce dégoût subit qui prend tout-d'un co
à la Veron pour des bijoux qu'elle a gardé pendant trente an
C'étoit pour réparer le vuide que sa dépense journaliere avoi
fait sur la masse qui n'avoit plus rien produit pendant dix an
D'abord, qui croira que cette femme si avide, si attentive sur s
richesses, ait consenti à vivre pendant dix ans sur son capital
Mais ensuite, dans le cas même où elle auroit voulu répare
perte, est-ce à des Juifs qu'elle se seroit adressée ? Ne se soum
toit-elle pas à une perte volontaire en traitant avec de semblabl
acheteurs? Est-ce d'ailleurs à Vitry, dans le court interval
d'une foire, qu'elle se seroit hâtée de consommer le marché? L

---

* Ibid.

* Ibid. pag. 9.

* Page 11.

* Pag. 11 & 12.

précipitation ne le rendroit-elle pas nécessairement désavantageux, ainsi que le lieu & le moment de la négociation ? Des diamans en nature n'étoient-ils pas plus transportables, plus faciles à cacher que leur valeur en espèces ? Puisque ce n'étoit pas la nécessité qui forçoit la Veron à les vendre, n'auroit-elle pas préféré de les garder jusqu'à Paris ? N'est-ce pas dans cette Capitale où le luxe a toujours plus de besoins que de ressources, n'est-ce pas chez des Négocians connus & accrédités, en état d'attendre ou de fournir des occasions favorables, qu'elle en auroit été chercher ? Avoit-elle donc un besoin si pressant d'augmenter son trésor jusqu'à la valeur de cent mille écus juste, qu'elle craignît de les dépasser, & qu'elle sacrifiât l'excédent qu'un peu de patience lui auroit procuré, au désir d'arrondir sur le champ cette somme, dont elle ne vouloit faire aucun emploi ? N'est-il pas clair qu'on n'avance ces étranges anecdotes que pour désorienter les recherches & s'épargner le danger des éclaircissemens ? Où retrouver les Juifs qui étoient à la foire de Vitry en 1769 ?

Elle revient à Paris ; enfin elle vend sa vaisselle plate. Le tout fait une grosse somme qu'elle réalise en or autant qu'il est possible, & cela remplace & au-delà ce qui avoit été pris sur les 300000 livres *.

Si tout ce Roman n'est pas vraisemblable, ce n'est pas la faute des inventeurs. Voyez comme tout y est combiné ; & sur-tout comme, d'une part, on se dispense de citer des témoins, comme, de l'autre, on avertit toujours que c'est de l'or qu'on amasse. Chotard donne *en or*. Me Gillet rend *en or*. Les paiemens des Juifs se métamorphosent *en or*. On a raison, puisque c'étoit de l'or qu'il falloit porter en arrivant chez le Comte de Morangiés. A l'égard des témoins c'est Chotard, c'est Me Gillet, ce sont des Juifs. Gillet est mort : ainsi on a pu dire que c'est lui qui a payé des intérêts jusqu'en 1760. Depuis cette époque il auroit été moins aisé ou suspect de citer un payeur mort aussi ; que fait-on ? Plus d'intérêts. On vit du capital ; il étoit donc entamé ? Cela vous éloigne des cent mille écus. Non. Comment ? En partant nous avons vendu nos bijoux. Où ? En foire. A qui ? A des Juifs inconnus. Comme cela est adroit ; & c'est une fable pareille qui a fait illusion à d'honnêtes gens !

Elle revient à Paris avec son or.

* Pag. 12.

Comment? l'or fur la charrette d'un Roulier. Accompagné de qui? De perfonne. Et les Maîtres, comment voyagent-ils? Sur une autre charrette de Vitry à Nogent, & de Nogent à Paris par le coche d'eau.

C'eft par économie, dira-t-on. En ce cas, pourquoi ne pas marcher avec le Roulier? La prudence & l'économie auroient été d'accord avec cette manière modefte de faire route; mais l'une & l'autre permettoient-elles aux Propriétaires de cent mille écus de les laiffer aller feuls à la difcrétion d'un Roulier, fans déclaration, fans reçu, fans rien qui le conftate?

On eft étonné que le Comte de Morangiés leur ait confié fes billets fans aval; & ils ont bien, difent-ils, confié leur cent mille écus à un Roulier, fans même avoir pris la moindre précaution pour s'affurer un recours fi cet homme étoit infidele ou malheureux; & ce font de femblables contes dont on repaît la crédulité publique!

En vérité, encore une fois, nous n'avons qu'à, pour couvrir de honte les Verons & leurs partifans, réimprimer leur défenfe. Il n'en faut pas davantage pour défabufer le peu de gens honnêtes qui ont jufqu'ici cru à leurs déclamations, fans en approfondir les détails.

Voilà donc jufqu'à préfent comme ils racontent l'hiftoire de leur opulence. Comment difent-ils qu'elle eft prouvée dans la procédure? Que l'on confulte à cet égard les *Preuves réfultantes du Procès*, page 20 & fuivantes, on fera bien plus étonné. La preuve que l'inftruction fournit que la veuve Veron *avoit beaucoup d'or dans fes mains avant le 23 Septembre*, titre mis en tête du paragraphe, c'eft qu'une Dame Caquet a dépofé que la veuve Veron logeant chez elle lui a dit qu'elle *avoit des noyaux*; c'eft que le mari de cette femme Caquet a dépofé qu'il avoit vu à fes hôtes un grand coffre que trois ou quatre hommes avoient peine à remuer, & cela dans le tems qu'ils couchoient par terre; c'eft qu'un garçon Marchand de vin qui fourniffoit la maifon, & à qui il étoit dû 40 livres pour la fourniture de deux mois, à vu en Septembre tirer cette fomme d'un fac d'argent blanc d'environ 500 livres, à côté duquel il y en avoit cinq à fix de la même groffeur. Voilà les Preuves réfultantes du Procès, que la veuve Veron avoit chez elle les cent mille écus en or, fi judicieufement emportés en 1760 de Paris à Vitry, & fi prudemment ramenés en 1769 de Vitry à Paris.

§. VI.

Seconde preuve que la valeur des billets n'a pas été fournie. Négo-
ciation avec le Comte de Morangiès, d'après les défenses des
Veron.

Suivons la même méthode. Combattons toujours nos Adverfaires avec leurs propres armes.

« *Cependant l'or de la veuve Veron étoit oisif. Son petit-fils*
» *voit bien qu'il faudra l'entamer si on n'en tire des intérêts ; il*
» *observe à sa grand'mere qu'il étoit important de placer ses fonds*
» *pour quelque tems sans aliénation, afin de pouvoir les r'avoir*
» *quand il se présenteroit des circonstances favorables pour for-*
» *mer son établissement* * ».   * Pag. 13.

Voilà un garçon sage. Il donne des avis à sa grand'mere. Il
prévoit l'avenir. Qu'on n'oublie pas ces avis, & sur-tout celui de
placer ses fonds sans aliénation. Sa conduite répond sans doute à
ces excellentes spéculations économiques. Voyons.

« La veuve Veron charge Dujonquai son petit-fils de lui trouver
» un bon emploi. Il rencontre à Saint-Mandé un nommé *Senne-*
» *ville, fils d'un Militaire*, à qui il trouve du goût pour les ar-
» mes ; il en a aussi beaucoup pour cet exercice. Les voilà liés d'a-
» mitié : le petit fils du Banquier demande au fils du Militaire s'il ne
» connoissoit personne qui pût le mettre à portée de placer une
» somme assez considérable appartenant à sa grand'mere *. Ce   * Ibid. pag. 14.
» dernier lui répondit qu'*il connoissoit deux femmes, l'une appel-*
» *lée la Charmette, demeurant dans le même hôtel, sur le même*
» *palier que lui, qui faisoit le négoce de Courtiere ; & l'autre la*
» *femme Tourtera, Marchande à la toilette rue des Boucheries* * »   * Ibid.
A-t-on jamais rien ouï-dire de pareil ! Quoi, une femme économe, un garçon de vingt-huit ans qui veulent placer cent mille
écus ne savent à qui s'adresser pour cet emploi ! Ce ne sont ni des
Notaires, ni des Banquiers, ni des Agens de change qu'ils con-
sultent ; c'est un pilier de salle, escorté d'une usuriere & d'une
Revendeuse à la toilette qui sont leurs seules ressources !

« De ces deux femmes, l'une dit qu'elle ne connoît personne
» qui veuille emprunter ; l'autre emprunte elle-même : on lui
» prête * ».   * Ibid.

Cette derniere eſt la femme Tourtera. Qu'emprunte-t-elle? Deux mille écus. En quel tems? En Septembre; l'époque eſt re-marquable*. Comment prouve-t-elle qu'elle a emprunté? Par ſon livre, diſent les *Preuves réſultantes*. Suppoſons que cet emprunt ſoit réel, & qu'il n'ait pas été ſuppoſé pour donner lieu à cette uſuriere de pouvoir affirmer qu'on a ouvert devant elle l'arche où repoſoit cet or myſtérieux dont on lui a confié une petite por-tion; accordons qu'en effet elle a reçu de la veuve Véron deux mille écus, qui n'en voit l'origine & l'emploi? Cette ſomme vient de la vente que les Vérons venoient de faire des contrats de rente ſur la Ville & les Aides & Gabelles, à perte de plus de moitié, chez Mr Bouret, Notaire. Ces contrats produiſoient 660 livres de rente. Ils ont été vendus moins de 7000 livres; & pourquoi ce ſacrifice ruineux? Etoit-ce pour prêter à la Tour-tera? Non; mais pour lui fournir de quoi prêter ſur gages. C'é-toit le fondement du nouveau commerce auquel Dujonquai & ſa famille ſe dévouoient. Avec cette clef, tout ce qui précede devient clair: on n'eſt plus étonné qu'un intrigant ſoit leur pre-mier confident: on ne l'eſt plus que leurs premieres connoiſſances, leurs plus cheres amies ſoient de ces femmes dont le métier eſt d'éventer les malheureux preſſés par beſoin, & de les conduire dans les repaires où la cupidité les attend pour en ſucer le ſang.

* Voyez ci-de-vant, pag. 4.

« On ne ſe borne pas au prêt fait à la Tourtera; on preſſe la
» Charmette de chercher des occaſions. Enfin elle indique un
» Seigneur *des plus aimables, rempli de probité, qui en a tant*
» *dit la Courtiere, que le ſang qui coule dans mes veines, s'il*
» *étoit d'or, j'irois tout à l'heure le lui offrir* * »

* Page 17.

On ne s'eſt pas promis grand avantage ſans doute dans la Cauſe, de cette ridicule expreſſion qui ne va ni au métier ni à la tournure de la femme Charmette. Il ne ſeroit pas étonnant après tout qu'une courtiere d'uſure eut ſouhaité que ſon ſang fut d'or; mais cela ne prouve pas que la veuve Véron en eut deux cens livres peſant dans ſon armoire.

« Sur la parole de la Charmette, on va chez le Comte, on
» le preſſe, on lui offre de l'or tant qu'il en voudra. Il ſemble
» qu'il faſſe grace en acceptant la ſomme entiére. *Il dit qu'il pren-*
» *droit avec plaiſir les 300000 livres appartenantes à la veuve*
» *Véron* * »

* Page 19.

Y a-t-il rien de plus contraire au ſens commun, de plus ré-
voltant

voltant? Quoi, c'eſt le Comte que l'on prie! C'eſt le prêteur qui
fait des démarches! C'eſt l'argent qui court au-devant du papier!
Encore ſi c'étoit un de ces emplois avantageux, une de ces hy-
potheques aſſurées que l'on ſe diſpute, à la bonne heure : mais
non. On ne fait aucune perquiſition ſur la fortune du Comte.
On ignore que ſes biens ſont en direction. On ne daigne pas même
s'informer par quel haſard un homme de ſon rang ſe trouve réduit à faire des emprunts par le miniſtere d'une Revendeuſe à la
toilette. Et combien dure cette inconcevable ignorance? Pendant plus de quinze jours; car, ſuivant le Mémoire de 1772,
page 17, c'eſt le 6 Septembre que Dujonquai va voir le Comte
pour la premiere fois; & ce n'eſt que le 23 que l'or eſt livré.
Les Verons ont donc eu dix-ſept jours entiers pour réfléchir à
qui ils alloient confier leur fortune, pour faire des perquiſitions,
pour s'inſtruire enfin de ce qu'il étoit impoſſible qu'ils ne cher-
chaſſent pas à ſavoir, s'ils avoient en effet eu à placer, on ne dit
pas cent mille écus, mais cent piſtoles.

« Le Comte les accable de politeſſes. Dujonquai, *plein de*
zele, va auſſi-tôt lui demander le jour, l'heure, ET LE NOTAIRE
QUI RECEVROIT SON OBLIGATION * ». * Page 21.
Il eſt bien étrange que ce ſoit toujours le prêteur qui faſſe les
démarches. Dans l'uſage ordinaire des gens qui n'ont pas beſoin
d'inventer, c'eſt l'emprunteur qui agit, qui ſe remue. C'eſt lui
qui choiſit le lieu, l'heure, l'Officier. Mais voici quelque choſe
de bien plus étonnant. C'eſt donc un contrat de conſtitution que
Dujonquai vouloit faire! Afin de rendre le Comte odieux, l'auteur de cette fable développe, en une page entiere, l'artifice de
cet homme inſinuant qui fait briller une promeſſe de vingt-
cinq louis aux yeux de l'infortuné jeune homme pour l'engager
à préférer de ſimples billets à un contrat de conſtitution. Il y a
long-tems qu'on a dit que la mémoire étoit l'inſtrument le plus
néceſſaire aux menteurs. Celui-ci oublie qu'à la page 13, il a in-
troduit Dujonquai diſant à ſa grand'mere qu'*il étoit important*
de placer ſes fonds pour quelque tems ſans aliénation, afin de
pouvoir les ravoir quand il ſe préſenteroit quelques circonſtances
favorables pour ſon établiſſement; c'étoient donc des billets
qu'il vouloit. Il ne ſongeoit donc pas à aliéner! il ne vouloit
donc pas faire un contrat! il n'a donc jamais propoſé de Notaire. Le Comte n'employa donc point de *défaite adroite* pour élu-
G

der l'intervention de l'Officier public ; & la promesse d'un cadeau
de vingt-cinq louis ne fut ni un voile ni une espéce de voile qu'il
ait mis sur les yeux de Dujonquai, comme le dit, page 20, le
Mémoire de 1772 ; & ce sont les auteurs de ces mensonges contradictoires qui ont sans cesse à la bouche le reproche d'imposture :
ce sont eux qui disent qu'ils ont *confondu la mauvaise foi qui a tou-*
jours présidé à la défense du Comte ; eux qui . . . . Poursuivons.

« On convient de faire des billets dans lesquels les intérêts se-
» ront compris à 6 pour 100. Le 20 Septembre on donne & on
» reçoit les paroles. Il s'agit de réaliser le prêt, & de livrer l'or.
» Le Comte *observe qu'il desire que la chose se passe secrétement.*
» Il dit qu'il craindroit d'être volé *si l'on venoit à savoir qu'il eût*
» *300000 livres chez lui ; qu'il n'avoit pas besoin que l'on sût ce*
» *qu'il faisoit, & qu'il ne devoit compte de sa conduite à per-*
» *sonne* * ».

* Page 21.

Plaisante raison à donner à un homme de qui on emprunte
cent mille écus. Le seul mot du secret devoit lui donner des
alarmes : que celui qui emprunte l'exige, cela se peut ; mais que
celui qui prête y consente sur un semblable prétexte, c'est ce qui
ne se seroit jamais vu que cette fois-là.

« *Rien n'est plus facile,* répond Dujonquai, *que d'entrer chez*
» *vous les 300000 livres sans qu'on s'en apperçoive. Heureuse-*
» *ment ma grand'mere a la somme* EN OR *à peu de chose près ;*
» ET JE PUIS VOUS APPORTER AISÉMENT MILLE LOUIS PAR
» VOYAGE * ».

* Page 20.

Nous allons toujours de surprise en surprise. Non-seulement le
propriétaire de cent mille écus n'est ni alarmé ni choqué, qu'au
lieu d'un contrat de constitution on lui offre des billets, & que
pour lui voiler les yeux on en approche vingt-cinq louis. Non-
seulement il trouve naturel que l'homme qui va recevoir son argent ne veuille mettre personne dans sa confidence, mais il va
bien plus loin ; il s'offre lui-même en personne pour faire le
transport ; & comment le fera-t-il ? A pied, tout seul. Il ne demande ni voiture ni domestique. Voilà un créancier bien obli-
geant : il avoit bien peur de ne pas avoir le Comte de Morangiés
pour débiteur. Il avoit raison. Observez encore ce mot, *heureuse-*
-ment ma grand'mere a la somme en or. Et ceux-ci, *je puis aisément*
apporter mille louis par voyage. Comme il a l'œil pénétrant & le
calcul facile ! Comme il prévoit sur le champ ce qu'il pourra por-

ter." Quelle obligation il a à l'auteur de ce Roman qui a si bien combiné après coup toutes les circonstances!

« Le Comte presse pour que ce rare exemple de complaisance
» ne soit pas retardé ; mais *Dujonquai lui observe qu'il lui falloit*
» *quelque tems pour compter l'or & disposer les sacs; que c'étoit ce*
» *qu'il se proposoit de faire dans la soirée du lendemain samedi,*
» *qui étoit Fête, & que la matinée du Dimanche n'étoit pas con-*
» *venable pour le transport de l'or; en conséquence on prit jour*
» *pour le lundi suivant, à commencer à sept heures du matin* * ».   * Page 22.

Voilà bien d'autres absurdités. Quoi, un homme aussi affamé d'argent qu'on suppose le Comte se rend à des raisons aussi frivo-les, & un homme aussi facile que Dujonquai l'est dans tout le reste, s'y obstine! Et quel besoin de mettre l'or en sacs? il y étoit déjà, & en sacs de mille louis, si la Tourtera n'a pas menti; car elle dépose qu'elle l'y a vu & touché. Quel besoin avoit d'ailleurs Dujonquai de le compter pour lui & chez lui? N'étoit-ce pas en le livrant qu'il falloit en faire la numération? Pourquoi pren-dre cette peine deux fois? Qui a jamais allégué, pour retarder un emploi d'argent convenu, qu'il faut le compter & le mettre en sacs en l'absence de l'emprunteur? D'ailleurs pourquoi la ma-tinée du Dimanche étoit-elle moins propre *au port de l'or* que celle du lundi? Il y avoit donc entre le Comte & Dujonquai un défi à qui se paieroit de raisons plus puériles?

« Cette mystérieuse numération se consomme le samedi 21 au
» soir ; & pendant que *Dujonquai y est occupé, arrive un co-*
» *cher du Comte de Mailly, l'intrépide Gilbert, avec lequel Du-*
» *jonquai n'avoit d'autre relation que celle qu'avoit établie chez*
» *eux leur goût commun pour l'exercice des armes* * ».   * Page 24.

Voilà un escrimeur bien déterminé, tous les amis, il les prend dans les salles. Qui ne voit que la nécessité de compter n'a été supposée qu'afin d'avoir un prétexte pour amener là Gilbert, & se procurer un témoin qui pût dire avoir vu l'or?

« Le premier mouvement de Gilbert en voyant tout cet or étale
» fut un mouvement de surprise. Ah! la belle monnoie, s'écria-
» t-il, à qui donc appartient tout cela? Alors l'amour-propre du
» jeune homme s'épanouit; on aime à paroître riche. C'est, lui ré-
» pondit-il, l'or de ma bonne maman, dont je vais faire un bon

» emploi ; & je divife cet or en différens facs , pour être à portée
» de le porter moi-même à différens voyages * ».

* Page 24.

Pefez ce difcours rapporté en ftyle direct , vous lecteur qui
connoiffez le cœur de l'homme, & voyez fi c'eft la vérité qui l'a
inféré dans le Mémoire où il eft configné ? Eft-ce là le langage
que l'on tient à une connoiffance de falle d'armes, à un Cocher
avec qui on n'eft pas lié, à un étranger par qui l'on eft interrom-
pu dans une occupation auffi férieufe que celle de compter cent
mille écus? Dujonquai ne prend la peine de les porter à pied que
pour garder le fecret. Et la premiere chofe qu'il dit à cet ami de
falle, avec qui il *n'a point de relation* , c'eft qu'il partage fon
tréfor pour le *porter lui-même à différens voyages* ; & le Cocher
n'en eft point furpris. Il ne conçoit, ni étonnement, ni refpect
pour le poliffon qu'il a cru fon égal, & à qui il voit une auffi prodigieufe fortune. Il s'offre fur le champ amicalement pour l'aider
à compter ; & l'autre, qui eft feul dans un petit cabinet dont la
porte donne fur un efcalier public, accepte fes offres. Tout cela
eft-il croyable ? N'eft-ce pas-là la fable la plus inouie, la plus ex-
travagante qu'on ait jamais contée ?

Mais , difent les Verons , pag. 23 & fuiv. des *Preuves réful-*
tantes , elle n'en eft pas moins établie au procès ; nous avons des
témoins qui atteftent que *le 21 Septembre 1771 il a été compté*
beaucoup d'or dans le cabinet de Dujonquai. Et ces témoins qui
font-ils ?

1°. Gilbert, convaincu par la procédure de faux-témoignage.

2°. La fille Chaume, qui dit avoir vu l'or fur une table, au
moyen de ce qu'elle fouleva un peu le rideau qui couvroit une
porte vitrée. Malheureufement à la confrontation, interpellée
de dire fi le rideau étoit en dedans ou en dehors, elle a dit qu'il
étoit *en dehors* , & il eft conftant qu'il étoit *en dedans.* Cette obfervation eft d'autant plus importante, que cette fille, étant domeftique de la maifon , devoit connoître la pofition de ce rideau
par l'habitude journaliere de le voir ; & fon erreur prouve affez
le trouble où la jettoit le menfonge qu'elle foutenoit juridiquement.

3°. Le nommé Collet, Tailleur. Il a entendu, difent les *Preu-*
ves réfultantes, toute l'après-dîner compter de l'or ou de l'argent
dans le cabinet de Dujonquai, & il a entendu cela depuis une
heure jufqu'à cinq ou fix heures du foir. Mais d'abord, le bruit
de l'argent, quand on le compte, ne reffemble point du tout à

celui de l'or qui n'en fait point, ou du moins qui n'en fait pas un assez sensible pour être entendu hors de la piece où l'on opere; c'est de quoi chacun peut se convaincre facilement : ainsi il n'y a pas lieu à l'incertitude. Ensuite Collet est donc en opposition avec Dujonquai & Gilbert; car dans le Mémoire de 1772, page 23, Dujonquai dit qu'il n'a commencé à *travailler à son arrangement, que* SUR LES DEUX HEURES ; on ne peut donc pas l'avoir entendu compter depuis *une heure*. Page 23 du Mémoire on dit que Dujonquay & Gilbert n'ont travaillé que *pendant environ trois heures* à ce mystérieux *arrangement* ; ils n'y ont donc pas mis *l'après-dînée entiere ?*

4°. La femme Collet vient au secours de son mari. Celui-ci a dit qu'il avoit entendu *de l'or ou de l'argent* ; la femme rafine, elle trouve une expression poétique pour fixer les idées ; elle a entendu compter un métal qui *ne sonnoit ni comme du cuivre, ni comme de l'argent* ; & comme depuis que Sparte est détruite on ne fait plus de monnoie de fer, comme on n'en a jamais fait de plomb ni d'étain, reste donc que ce soit de l'or que la femme Collet a entendu. Ce rare effort d'imagination donne-t-il beaucoup de poids à sa déposition ?

5°. Enfin trois autres témoins disent aussi avoir entendu compter des especes, mais ils articulent précisément que *cela sonnoit comme de l'argent blanc* ; & les *Preuves résultantes* en concluent que cela prouve qu'*il a été compté beaucoup d'or* chez Dujonquai ce jour-là, parce que, disent-elles, *les témoins ont pu aisément se tromper sur le son, d'autant mieux qu'ils n'ont pas, suivant les apparences, une expérience en ce genre qui les mette à portée d'en bien faire la différence.* Cette froide réflexion élude-t-elle la force de l'assertion des témoins ? Mais Collet & sa femme qui ont été plus complaisans, ont-ils plus d'expérience ? D'ailleurs, on ne se méprend pas sur le son de ce qui ne raisonne point ; or des louis d'or que l'on compte sur une table ne font aucun bruit sensible ; l'or est sourd par lui-même ; la petitesse du volume de ces pieces est une raison de plus pour que le choc en soit moins retentissant.

Enfin il ne s'agit pas de ce que les témoins ont pu ou dû entendre, mais de ce qu'ils affirment avoir entendu ; or c'est de l'argent qu'ils ont entendu compter, & on n'en sera pas surpris si l'on songe qu'on se préparoit à donner au Comte de Morangiés un sac de 1200 livres ; que les Verons pouvoient avoir 6 ou 7000 livres du produit de leurs contrats, & que si dès-lors ils avoient

déja formé le complot d'efcroquer au Comte les billets qu'ils
projettoient de fe faire remettre ; il étoit de leur intérêt de compter leur peu d'argent avec beaucoup de bruit, afin de prévenir
le voifinage qu'ils avoient des efpeces, & de fe ménager à tout
hafard des reffources pour apprécier la probabilité de leur prêt
imaginaire.

Au'refte , on le voit, tout leur narré fe détruit de lui-même
fur la négociation , fur la numération de leur or , & il s'en faut
bien que les témoins entendus au procès le rétabliffent.

§. VII.

*Troifième preuve que la valeur des billets n'a pas été fournie :
manière dont les Verons prétendent que l'or a été porté & livré.*

« L'or préparé & fi judicieufement divifé en grands & petits
» facs , un de 600 louis pour porter fous le bras , & deux de 20
» chacun pour mettre dans les poches de fa vefte*, Dujonquai
» met en marche le lundi 23 , jour préfix , à fept heures du matin
» le Comte étoit aux aguets *; il l'apperçoit ; il lui fait figne à
» travers les croifées de monter. Arrivé, Dujonquai *veut compter*
» *les facs pour juftifier fon exactitude*; le Comte s'y oppofe ,
» dit *qu'il n'a aucune inquiétude ; que d'ailleurs le fieur Dujon-*
» *quai avoit bien d'autres voyages à faire, & qu'il n'y avoit pas*
» *de tems à perdre* ».

De forte qu'on n'ouvre point les facs ; l'un reçoit, l'autre de
livre fans compter; cela s'eft-il jamais vu ? Dans l'ufage ordinaire
on prend les facs en argent blanc des mains des hommes publics
ou des particuliers que l'on connoît, fans compter ; d'abord parce
que le volume en indique affez le contenu ; enfuite parce que
leur état infpire de la confiance, & auffi parce que le bénéfice
qui pourroit fe faire par une infidélité, ou l'erreur qui pourroit fe
commettre par mégarde , ne feroient pas affez confidérables pour
qu'on le redoute des mains connues & exercées à la numération.
D'ailleurs , le Banquier qui fe difpenfe de compter, pefe & donne
avec les facs une note de leur poids; s'il y a erreur, en rappor-
tant le fac & la note on en tient compte fans difficulté ; de forte
que la confiance de celui qui reçoit n'a rien d'étonnant. Mais ob-
fervez qu'il ne s'agit ici que d'argent. Quand il s'agit d'or , par-
tout on compte, on ne s'en rapporte pas même au poids. Et il

* Page 23.

* Page 24.

voilà deux hommes qui ne se connoissent pas, qui donnent ou reçoivent de l'or, & qui ne comptent ni ne pesent. Dujonquai ne craint pas qu'au voyage suivant on lui dise que la livraison précédente n'a pas été exacte; le Comte n'appréhende pas qu'il y ait de méprise sur la quantité des pieces; l'un jette-là son fardeau, l'autre se hâte de le recevoir en aveugle.

Mais il y avoit des raisons pour cette confiance réciproque; Dujonquai étoit sûr d'avoir fait les sacs justes, & le Comte, comme il le dit, ne croyoit pas que l'or pût être trop-tôt arrivé chez lui. La premiere observation nous explique tout au plus pourquoi Dujonquai, dans son roman, prétend avoir passé une demi-journée à compter chez lui; il veut justifier par-là son indifférence pour la numération secondaire; mais le prétexte qu'on donne à celle du Comte est-il admissible? Quoi! par égard pour un caprice de Dujonquai, il avoit bien attendu patiemment du samedi au lundi, & il n'auroit pas sacrifié cinq ou six heures de ce dernier jour pour s'assurer si on lui remettoit exactement ce qu'il reconnoissoit avoir reçu!

Cette absurdité, jointe à toutes celles qui précedent, ne suffit-elle pas pour décrier sans ressource le systême dont elle fait une partie essentielle? Car si l'on avoit compté, Dujonquai n'auroit pas eu la moitié du tems qu'il lui faudroit pour les treize voyages; & s'il n'a pas fait ses treize voyages dans le tems qu'il indique, son escroquerie est démontrée. Mais voici quelque chose de bien plus fort; sont-ce des billets que le Comte lui donne en échange des sacs qu'il lui abandonne si hardiment?

Non, ce sont des reconnoissances conçues en ces termes: *Je soussigné reconnois que M. Dujonquai m'a apporté mille louis, dont je promets faire mon billet à Madame Veron sa grand'-mere.* Signé, le Comte DE MORANGIÉS.

Ainsi c'est sur de simples reconnoissances de cette espece que vous hasardez votre fortune, celle de votre famille! Mais d'abord, ont-elles bien existé ces étranges cautions d'un prêt de cent mille écus fait en un jour? La Tourtera votre digne appui prétend les avoir vues & lues; elle les rapporte, & ce n'est pas la même chose. Voici, dit-elle, ce qu'elles contenoient: *Je reconnois avoir reçu du sieur Dujonquai mille louis, au nom de la Dame Veron sa grand'-mere, dont je promets lui faire mes billets, lorsque la somme sera complette.*

D'où vient donc cette singuliere différence? Nous l'avons déjà discutée dans l'*Examen abrégé*, pag. 3 & 4; elle suffiroit seule pour rendre suspect tout ce que l'on a dit de l'existence de ces reçus aussi inusités en eux-mêmes, aussi étonnans que tout le reste de la fable. Mais combien de réflexions se présentent pour peu qu'on daigne approfondir cet objet ! Quels traits de lumiere il en résulte en faveur du Comte de Morangiés ! Combien ce fait est propre à déceler l'absurdité de toute la machination qu'on lui oppose !

On ne veut pas croire qu'il ait eu l'imprudence de confier à des agioteurs obscurs des effets en papier qu'ils s'étoient chargés de négocier ; elle est cependant justifiée par l'usage, par l'exemple journalier, par l'impossibilité de faire autrement ; & l'on croira à celle de ces agioteurs qui auroient ainsi laissé pendant vingt-quatre heures une somme de cent mille écus en espece dans les mains d'un homme qu'ils connoissent si peu, sur le compte duquel ils avoient si peu pris d'information, qu'ils ignoroient ce que tout le monde savoit, que tous ses biens étoint en direction ?

Mais ils avoient des reçus de lui ; & qu'étoit-ce que ces reçus ? D'abord, ils n'en avoient pas de la totalité ; ils vouloient tirer leur argent six pour cent avec le capital, cela composoit 327,00 livres ; ils n'en fournissoient que 298,200 livres ; le Comte, disent-ils, ne donnoit de reconnoissance que de ce qui lui étoit fourni : la premiere, suivant eux, porte mille louis, & il en tenoit *pareilles toutes prêtes pour les autres voyages*[*] : On n'a jamais dit que la derniere contint les 425 louis d'appoint & les 27,000 d'intérêt ; cette circonstance auroit été cependant assez remarquable, assez décisive pour qu'on ne l'omît pas si elle avoit eu lieu. Dans le système des Verons eux-mêmes, le Comte auroit donc eu chez lui dans l'intervalle d'un jour à l'autre la somme de cent mille écus, avec la faculté de se dispenser de payer des intérêts ? Et à qui persuadera-t-on, d'un côté, que des Prêteurs gagés, des Usuriers qui exigeoient un bénéfice sur un emprunt de 9 livres, eussent ainsi laissé au hasard celui que devoient produire cent mille écus ? Mais, d'autre part, si le Comte avoit de mauvaise foi, s'il avoit déja formé dans son cœur le projet de dépouiller cette famille & de s'en approprier la fortune, auroit-il été le lendemain faire volontairement des billets où l'intérêt fût compris ? Cette seule réflexion n'est-elle pas décisive ?

* Mémoire de 1772, page 25.

Mais, dira-t-on, il n'a fait ſes billets préciſémeht que pour ſe
ménager le moyen de faire & de dire ce qu'il fait & ce qu'il dit
aujourd'hui ; les reconnoiſſances étoient un titre ſans réplique ; il
n'étoit pas poſſible de ſonger à alléguer qu'elles avoient été confiées pour les négocier, comme on peut le ſoutenir des billets.
Voilà pourquoi il a été exact à les retirer, & à y ſubſtituer des
effets qui prêtaſſent à cette chimérique aſſertion.

Mais en ce cas, pourquoi attendre au lendemain ? Pourquoi
ne pas faire les billets ſur le champ à meſure que l'or ſe livroit ?
Pourquoi cette ſinguliere idée de l'un, & cette patience non moins
ſinguliere des autres, d'attendre au lendemain ? Dira-t-on que
des calculs ainſi multipliés auroient été trop embarraſſans ? Mais
Dujonquai avoit vu au premier mot qu'il pourroit apporter aiſément mille louis par voyage : au premier coup d'œil, n'auroit-il
pas vu auſſi l'intérêt que mille louis devoient rapporter pour
un terme fixe ? Ces échéances diviſées n'auroient-elles pas été plus
commodes pour le Comte dans tous les ſens, & la raiſon de les
préférer n'auroit-elle pas été mille fois plus plauſible que celle
qu'il donne, dit-on, pour exiger un ſecret abſolu ſur l'emprunt,
& pour engager le propriétaire de cent mille écus à les lui apporter ſeul, à pied, en une matinée, par un tems fort chaud, à
un quart de lieue de diſtance ?

De ce que les billets n'ont été faits que le 24, & de ce que le
24 les intérêts y ſont compris, il en réſulte démonſtrativement
que le capital n'en avoit pas été remis le 23.

Dira-t-on que le gain de 27000 livres d'arrérages n'a pas paru
aſſez conſidérable à un homme qui méditoit de ſe diſpenſer de
reſtituer même le capital ; qu'il affecte de livrer ſes billets avec
la ſtipulation des intérêts, afin d'éblouir les Prêteurs, de retirer
plus aiſément ſes reconnoiſſances, & de ſe mettre en liberté de
remplir ſon plan dans toute ſon étendue ? Mais rien ne répu-
gneroit davantage à la raiſon, à la vraiſemblance, à la poſſibilité.

C'eſt ſuppoſer que le Comte auroit agi par un goût particulier
pour l'opprobre, qu'il auroit cherché de lui-même à s'expoſer à
un éclat déshonorant, qu'il auroit préféré une voie périlleuſe en
tout ſens, & dont le ſuccès étoit fort incertain, au moyen tout

H

simple, tout naturel, exempt de toute espece de risque, qui
auroit eu dans les mains s'il avoit réellement touché l'argent qu'il
donne l'une ou l'autre des reconnoissances qu'on lui prête. Il
n'avoit qu'à attendre une peine de se présenter de lui chez les
Verons, n'y plus aller du tout, lui en seroit-il arrivé? Qu'ils l'auroient actionné? Pourquoi? Pour se voir condamner à leur ôter,
tuer leurs cent mille écus? Ils n'ell' auroient pas pu. Que portoient
leurs titres contre lui à ce qu'ils disent? Une promesse de faire
ou ses billets à la Dame Veron? Il auroit offert de les rempli
Qu'auroient pu exiger de plus les Verons? Il auroit été le maître
des créances? il auroit été le maître de la forme de l'engagement,
car, prenez-y garde, les prétendues reconnoissances ne disent pas
que ce soient des billets exigibles à rien ne qu'il s'engage à ...
il n'avoit qu'à soutenir que c'étoit un billet à charge de passer contrats, ils auroient été forcés de s'en rapporter à lui; ou au ...
dence de la veille les mettoit à la discrétion, et s'il n'avoit dans
tout leur roman un seul mot de vrai, cette maniere de les dépouiller qui n'autorisoit pas l'ombre d'un soupçon contre le
Comte de Morangiès, auroit été bien plus sûre, bien plus sûr
reuse que celle où ils l'accusent d'avoir prise ...

Ils soutiennent qu'il est insolvable, qu'il n'a pas de quoi payer
ses anciens créanciers. Cette imposture est détruite dans ne plus
dans les Observations, p. 36 & suiv. Mais supposons que ce soit ...
vérité, c'étoit donc une raison de plus pour lui de ne pas crain...
de contracter de nouvelles dettes? Y avoit-il rien de plus heureux
que de constituer une rente dont il auroit été impossible de
forcer à effectuer le paiement? Il auroit pu dire aux Verons
Joignez-vous à la masse de ma Direction, suivez en le sort da...
le rang de votre hypotheque. Dans quel Tribunal auroient-ils
admis à accuser de féroquerie un homme qui auroit reconn...
venté du prêt, qui auroit offert toutes les sûretés que la Loi ...
ne à exiger? Quels Juges l'auroient pu condamner au rembou...
soient avant la vente de ses Terres? Et dans ce cas la, n'est...
pas la liquidation qui auroit fait le sort des Créanciers? A...
les Verons auroient-ils persuadé qu'ils avoient prêté sans consulter les facultés du débiteur? Et qui ne leur auroit pas répon...
il est malheureux pour vous d'avoir bravé le risque de vous fie...
lui, mais puisque vous l'avez fait, il n'y a plus de remede ...
se seroient donc tûs forcément, le Comte auroit joui de leur ...
tune sans être obligé de rien nier, ou plutôt en avouant tou...
Cette voie étoit si simple, si naturelle, que pour peu qu'il ...

cu de mauvaise foi, il étoit impossible qu'il ne la prît pas.

La friponnerie elle-même, tant qu'elle le peut, prend la prudence pour guide; l'escroc le plus déterminé, pese, combine les dangers, & se décide invariablement pour le parti où le risque est le moindre quand le succès est le même. Or ici le Comte de Morangiés n'a pas pris cette voie qui s'offroit d'elle-même, ni aucune qui en approchât; il en a au contraire pris une toute opposée. Le 24 il se rend chez les Verons, il y donne des billets dans la forme qu'on lui prescrit; il reçoit 1200 liv. qui sont l'appât avec lequel on le flatte pour lui surprendre ces titres dont on médite bientôt de faire un si terrible usage; il stipule des échéances prochaines & un intérêt considérable; est-ce là, encore une fois, la marche d'un homme qui pouvoit se dispenser de payer les intérêts, ou disposer des échéances, imposer enfin la loi sur la forme & sur le fond de toute l'affaire?

Tous ces raisonnemens sont bons, diront encore les Verons, mais sur ce fait, comme sur les autres, nous avons des témoins qui répondent à vos argumens. Et quels sont-ils? Nous allons tojours d'après les *Preuves résultantes*; or on y lit *des noms de cinq témoins qui déposent avoir vu Dujonquai chargé, sortir & rentrer souvent. Ces témoins sont, 1°. la fille Chaume. Cette fille comme on voit, est d'une grande ressource; elle a vu l'or, elle a entendu les remerciemens, elle a remarqué les voyages; elle est propre à tout, elle dépose de tout. On a déja répondu à son témoignage.

* Pag. 25 & 26.

2°. La femme Collet, celle qui dit si joliment sur le fait de la numération que les especes de Dujonquai ne sonnoient *ni comme du cuivre, ni comme de l'argent*; elle n'est pas si délicate sur l'article des sacs: elle a vu *Dujonquai avec sa redingotte bouffante & portant sous son bras gauche un objet gros* COMME UNE BOU-TEILLE DE PINTE. C'est cette comparaison qui autoriseroit à croire que la femme Collet a peu d'expérience dans ces sortes de matieres; aussi les *Preuves résultantes* n'ont pu s'empêcher d'observer qu'il y a de l'exagération, & qu'un sac de 600 louis n'est pas si gros qu'une bouteille de pinte. Cette remarque est bien généreuse; mais en vérité comment peut-on sérieusement s'appuyer sur un témoignage, que celui même à qui il est favorable est obligé de rectifier? Ne peut-on pas en sûreté de conscience croire qu'une femme, dont les yeux grossissent si prodigieuse-

ment les objets, à une langue complaisante, & que si elle
parlé d'un sac gros comme une pinte, c'est qu'on lui en a prom
un quelconque pour payer sa déposition?

3°. On cite une Fruitière appellée la femme Portier; elle d
pose avoir *vu Dujonquai aller & venir toute la matinée*, *aya
fort chaud*, *portant quelque chose de lourd avec sa redingo
bouffante*. Et pourquoi *bouffe-t-elle*? Parce que Dujonquai po
toit le sac de 600 louis sous son bras, & par-dessous la redingott
mais la Portier n'a donc pas vu le sac; elle contredit donc
Collet qui l'a vu & jaugé. Ensuite l'attitude qu'elle suppose
Dujonquai auroit produit un effet tout opposé: pour soutenir
sac, il auroit fallu qu'il serrât le bras, par conséquent qu'il press
la redingotte contre son corps; loin donc de *bouffer*, elle aur
paru très-juste. Ces réflexions suffiroient seules pour infirmer
déposition de ces deux femmes.

Mais il y a contre celle de la Portier un fait bien plus essentie
& d'autant plus essentiel qu'il éclaircit les secretes dispositio
du Juge du Bailliage. Cette femme emportée par l'enthousiasm
de la complaisance, à la confrontation, ajoute un fait dont el
n'avoit parlé ni en déposant, ni au récolement; elle soutient q
Dujonquai lui avoit dit en présence d'une autre femme du mêm
rang (la femme Collet), *j'ai encore bien des voyages à fai
pour porter mon or au Comte de Morangiès.*

Cette révélation tardive n'auroit pas été admissible dans l'é
dre de la procédure; ce propos étoit ridicule par lui-même
le plaçant dans la bouche de Dujonquai, qui auroit ainsi déco
vert à une femme de la lie du peuple, sans intérêt, sans obje
un mystere qu'il ne s'occupoit, dit-il, qu'à cacher, & qu'il vo
loit dérober au public aux dépens de ses propres sueurs. Aussi
Comte s'est-il élevé avec force à cette nouvelle articulation;
requit le Juge de mander à l'instant la femme Collet, ce q
fut fait.

Dans l'intervalle, la Portier, pressée par le Comte & par
propre conscience, se troubla, elle pâlit, & finit par se trouv
mal. En revenant à elle-même, le premier usage qu'elle fit de
forces fut pour se rétracter.

Que fit le Juge? Comme s'il avoit eu regret de ce que cet
assertion lui échappoit, il dit à ce faux témoin qu'il fall
punir, que si elle avoit eu un peu plus de fermeté, il all
sur le champ faire descendre le Comte en prison. Nous avo

fait ailleurs les réflexions que juſtifie cette étrange imprudence, mais qu'il ſeroit affreux pour le Comte de Morangiés
que ſon ſort dépendît d'une inſtruction dirigée par un Juge qui
en a été capable, & qu'il eſt étonnant que dans les *Preuves réſultantes* où l'on n'a pas pu diſſimuler ce fait, où l'on eſt forcé
de l'avouer, on oſe encore mettre la Portier au nombre des témoins croyables! Sa dépoſition & ſa confrontation ſeront ſans
doute lues entieres par les Juges.

Il en reſte donc deux autres de la même claſſe, qui diſent à
peu près la même choſe. Elles n'ont pas été auſſi zélées ni auſſi
imprudentes; mais quel fond pourra-t-on faire ſur leur atteſtation, quand on en rapprochera les faits prouvés qui la démentent;
la dépoſition de la Dame Duvelz, qui certifie avoir paſſé la matinée à ſa fenêtre ſur la rue, & n'avoir pas vu paſſer Dujonquai;
& l'inutilité de ces prétendus voyages que la femme Douce & la
femme Labie atteſtent? quel but auroient-ils eu? De porter l'or;
& tout ſe réunit à prouver que l'or n'a ni été porté, ni pu être
porté.

A l'égard des reconnoiſſances, les *Preuves réſultantes* en citent
trois témoins, mais les nommer, c'eſt les réfuter. C'eſt Gilbert,
la Tourtera & Aubriot. Les dépoſitions de ces témoins, comme
on l'a déjà obſervé tant de fois, ſont arrangées avec toute l'économie poſſible*. A eux trois ils atteſtent deux faits & demi; de maniere qu'ils ſont deux pour chacun. Gilbert eſt convaincu par la
procédure; d'ailleurs il eſt accuſé: ſon témoignage n'eſt pas recevable; & ſi la Tourtera & Aubriot, convaincus auſſi de la plus
criminelle connivence, ne ſont pas décrétés, ce n'eſt qu'à une
indulgence du même genre qu'ils en ſont redevables. Si le Juge
du Bailliage avoit voulu ſuivre la loi & l'équité, il les auroit décrétés; il avoit mille fois plus de raiſons pour uſer envers eux
de cette rigueur, qu'il n'en a eu envers les ſieurs Dupuis, Debruguieres, Menager, ou les Dames Duvelz, Menager, Durand,
&c. enfin envers les quatorze témoins qu'une ſeule contrariété
avec d'autres témoins évidemment ſuſpects lui a fait regarder
comme coupables. Les Juges ſupérieurs réformeront ſans doute
cette partie monſtrueuſe de la procédure, & on verra alors de
quel poids doivent être les aſſertions de l'uſuriere Tourtera &
du menteur Aubriot ſon filleul, logé avec elle, nourri par
elle.

* Voy. le Plai-
doyer, page 41,
&c.

§. V I I I.

Cinquieme preuve que la valeur des billets n'a pas été fourni[e]
Conduite des Verons poſtérieurement au 24 Décembre 177[1].
Lettres de la Charmette & de Dujonquai.

Pour conſommer ſûrement une eſcroquerie dans cette affair[e]
le Comte de Morangiés n'avoit qu'un ſeul chemin à ſuivre ,
il ne l'a pas ſuivi. Pour parvenir au même but, ſes Adverſair[es]
n'avoient auſſi qu'une route unique, & ils l'ont priſe ; c'eſt
qu'il faut faire voir. Ils ne ceſſent de rappeller qu'ils ont f[ait]
les premieres démarches ; & c'eſt préciſément ce qui les déma[s]
que. Ils ont formé les premiers l'accuſation en eſcroquerie ; c['eſt]
la preuve la plus frappante de leur complot.

Quel parti auroient eu à prendre d'honnêtes gens qui ſe ſeroie[nt]
trouvés dans le cas des Verons, s'ils avoient en effet prêté u[ne]
ſi groſſe ſomme à un débiteur qualifié, mais inſolvable, dont [ils]
auroient accepté les billets ? Pas d'autre que celui de gémir ſ[ur]
leur aveuglement, d'attendre en tremblant les échéances,
tout au plus d'eſſayer dans l'intervalle d'attendrir l'homme [de]
condition par la pitié, de l'émouvoir par l'honneur, de le ram[e]
ner par les inſinuations de ſes amis. Quitte envers eux juſqu['au]
jour du paiement, ſuivant l'axiome connu, *qui a terme ne do[it]*
rien ; ce n'étoit point par la voie des Tribunaux qu'on auroit p[u]
ſe flatter d'en rien tirer ; l'honnêteté en pareil cas auroit donc [été]
exceſſivement timide ; elle n'auroit eu qu'à dévorer ſes larm[es]
dans le ſilence ; ne prévoyant pas même la poſſibilité d'une dén[é]
gation de la part du débiteur, elle s'en ſeroit tenue à des repr[o]
ches ſecrets & modérés juſqu'au moment de faire éclater u[ne]
réclamation que le défaut de paiement aux échéances auroit [ſeul]
pu juſtifier.

Mais que devoient faire des eſcrocs qui n'auroient rien fourn[i]
& qui auroient formé le complot de s'approprier des billets con[
fiés par l'homme de qualité ? Ils ne pouvoient douter qu'au pr[e]
mier moment où il ſauroit qu'on veut ſe prévaloir de ſes bille[ts]
il n'éclatât, qu'il n'avertît la Police, que la Police ne s'émû[t]
que la vérité ne ſe découvrît. Il falloit donc le prévenir ; il fallo[it]
ſe mettre en état de ſe plaindre les premiers d'une eſcroquerie[,]
de pourſuivre une reſtitution ; mais comment faire ?

Ils avoient entre les mains les billets ; le Comte ne difoit mot ; comment accufer d'efcroquerie un homme qui a tout donné, & rien reçu, un homme dont l'on tient les effets, & à qui l'on ne peut reprocher que l'excès d'une confiance imprudente ? Il falloit l'amener doucement & fans trop lui infpirer d'allarmes, à nier qu'il eût en effet touché d'argent. Alors avant qu'il ait pu faire aucune démarche, munis de fes billets & de fa dénégation, les efcrocs l'attaqueront. Ils diront : voilà un homme qui veut nous voler : nous fommes les premiers plaignans, la probabilité eft pour nous, &c., & tout ce que les Verons ne ceffent de répéter depuis dix-huit mois. Or voilà précifément ce qu'ils ont fait, & le plan très-fin, très-adroit qu'ils ont réalifé. Qu'on les fuive dans leur marche.

Le 24 ils reçoivent les Billets. Le 25 au matin ils détachent au Comte, Monvoifin & la Courtière Charmette à la fuite l'un de l'autre ; le premier pour demander le paiement d'une créance effective, la feconde pour exiger le courrage du prêt qu'elle fuppofe effectué. Ces deux Emiffaires lui foutiennent qu'il a reçu l'argent la veille ; il le nie ; on s'y attendoit bien.

La Charmette, à l'inftigation de Dujonquai, comme on en offre la preuve *, affirme même qu'elle a vu de fes yeux, le 24, charger d'or le cabriolet du Comte ; cette abfurdité décredite ce qu'elle auroit pu lui dire de raifonnable, comme, par exemple, que la Veron étoit la grand-mere de Dujonquai, &c. Le Comte l'éconduit fans s'inquiéter ; il ne peut pas croire qu'une femme auffi impudente & auffi mal inftruite puiffe lui dire rien de vrai. A l'égard de Monvoifin, les propos de celui-ci ne l'émeuvent pas davantage ; comme ce Marchand eft un créancier, & qu'un créancier eft toujours porté à croire que fon débiteur a de l'argent, le Comte ne lui foupçonne pas de vues plus étendues que celles de l'intérêt ; il fe contente de lui expofer la vérité ; il le congédie, & n'en refte pas moins tranquille.

Voilà deux témoins de fa dénégation verbale, mais ce n'eft pas affez, on en veut une écrite. Le foir même la Charmette lui adreffe une lettre qui ne lui eft rendue que le lendemain, qui néceffite une réponfe. Elle le menace de le faire affigner aux Confuls, & pour l'engager à écrire fans défiance, elle lui annonce que Dujonquai parle comme lui ; qu'il nie d'avoir donné comme le Comte d'avoir reçu, mais on lui fait dire qu'elle n'en eft pas duppe. Il

* Voy. l'Examen abrégé, p. 21 & 22.

étoit indispensable de lui faire soutenir que Dujonquai ne con-
noit pas du prêt : si elle avoit parlé autrement le Comte n'auro[it]
pas pu douter que le projet de s'approprier ses billets ne fût form[é]
alors, au lieu de répondre, il auroit couru à la Police, & c'[est]
ce qu'on ne vouloit pas.

Il étoit impossible qu'un homme honnête ne tombât pas da[ns]
le piege. Le Comte, surpris, mais sans concevoir encore auc[un]
soupçon contre les Verons, puisqu'on lui avoue qu'ils parlent conformément à la vérité, la réitere à cette femme ; il la lui exp[ose]
avec modération. Voici sa lettre ; elle est très-essentielle.

Je reçois à l'instant de votre part, Madame, une lettre que je dois[ré]-
cuser & mépriser, parce que vous l'avez écrite dans l'égarement de [la]
colere la plus mal fondée ; je n'y réponds point pour me justifier, pa[rce]
qu'enfin la vérité est telle que je vous l'ai dite, & je suis prêt à en fai[re]
tel serment que la Justice voudra exiger de moi : mais c'est par charit[é &]
par un reste d'intérêt que je prends à ce qui vous regarde.

Pour la derniere fois, je vous assure & vous certifie que je n'ai re[çu]
d'autre argent de M. Dujonquai qu'un petit prêt particulier de 1100 li[-]
vres qu'il a bien voulu me faire sur un billet de cette somme que je lu[i]
remis en attendant que l'affaire projettée fût consommée.

Soyez bien sûre que je suis incapable de vous priver de la récom-
pense qui vous appartiendra raisonnablement pour la peine que vous av[ez]
prise, de conduire M. Dujonquay chez moi : mais s'il y a un moyen [de]
voir évanouir vos justes espérances à ce sujet, c'est précisément [celui]
que vous avez employé ; car si ce prêt est public avant qu'il soit effe[ctué]
il est certain qu'il n'aura pas lieu, parce que les Préteurs ne veulent [pas]
que la chose se sache, & certainement ils ne le feront pas, si le [...]
en dévance par votre indiscrétion, l'exécution & la réalité ; alors [vous]
serez privée du salaire que je promets vous donner, & je ferai par v[o]-
tre faute, de l'utilité de cette affaire.

Croyez-moi, contenez-vous, & ajoutez foi à la parole que je [vous]
donne de vous récompenser raisonnablement, & à l'assurance positi[ve que]
l'affaire projettée avec M. Dujonquai n'est point terminée ; puisq[ue]
n'ai rien reçu. Je n'entre point dans le détail des reproches injuste[s que]
vous me faites ; votre lettre est une piece avec laquelle je pourrois [si]
j'étois tel que vous me supposez, vous faire un mauvais parti [&]
encore un coup, je laisse tout ressentiment à part pour vous fai[re en-]
visager votre tort, & vous faire sentir qu'il est de votre propre intérêt de ne point faire manquer cette affaire par votre indiscrétion. [Vous]
avez été mal informée, & vous partez de là pour marquer des in[tentions]
atroces à un homme de qualité, plein de justice, de droiture [& de]
bonnes intentions pour vous. Ouvrez les yeux & profitez de mon [avis]
qui est le dernier que je vous donnerai. Je suis, Madame, &c.

On n'a point tari en commentaires sur cette lettre dont la simplicité & la naïveté devoient seules éloigner tous les soupçons :
on a été jusqu'à dire * qu'elle étoit trop honnête, & que *ce n'étoit
point là le style d'un Maréchal de Camp qui n'auroit rien à se reprocher contre une malheureuse Courriere.* Comme le tems des préjugés
est passé, nous supplions les lecteurs de l'apprécier eux-mêmes, &
de voir s'il y a un mot qui désigne le crime, une idée qui sente
l'homme coupable ou bas.

* Preuves dé-
monstratives, p.
129.

La Charmette y répond & continue les mêmes menaces. Le
Comte, étonné de cette opiniâtreté d'une femme qui est liée avec
les Verons, se transporte chez eux. Il n'y remarque aucun chan-
gement. On lui proteste qu'on se remue pour placer son papier;
on fait briller à ses yeux des espérances qui calment les soupçons
dont il avoit commencé à ressentir l'atteinte. Il se retire sans songer
encore à ce qui se trame contre lui.

Cependant sa lettre à la Charmette étoit déja dans les mains
des Associés : on se préparoit à lever le masque, & le même jour
où on lui a renouvelé des promesses si consolantes il reçoit de
Dujonquai la fameuse lettre, datée du 26, à sept heures du soir ;
lettre où l'escroquerie est développée dans tout son éclat ; mais,
malheureusement pour eux, avec des détails qui ne permettent
pas de la méconnoître. La voici.

« *Je n'oublie point de vous mettre la date de la présente, à Paris
» ce 26, à sept heures du soir* ».

Qu'est-ce que cette affectation de marquer qu'il n'oublie point
la date ; en auroit-il écrit d'autres où le défaut de cette attention
l'auroit compromis ? Des gens qui auroient été dans l'amertume
& dans la douleur, des gens qui auroient tremblé de voir leur
fortune dans les mains d'un homme de mauvaise foi, auroient-
ils eu tant de sang-froid & de présence d'esprit ? Est-ce à la date
d'une inutile plainte qu'ils auroient attaché leur succès ? Non,
mais des escrocs qui ont enfin la ressource qu'ils ont desirée, qui
se préparent à en faire usage, & qui mettent au nombre de ces
ressources le moment où ils se déclarent, doivent affecter de
peser sur les époques.

« Monsieur, il est surprenant qu'un homme de votre rang se
» serve de moyen *aussi peu usité parmi d'honnêtes gens. Je ne me
» serois* jamais attendu à *tous les procédés & subterfuges indignes*

I

» dont vous vous feriez vis-à-vis des créanciers honnêtes qui vous
» ont livré leur bien ».

Qu'est-ce donc que ces *procédés* & ces *subterfuges* ? Qu'avoit fait le Comte jusques-là, sur-tout envers ces créanciers ? Quelles démarches, quelles plaintes avoit-il hasardées contre les Verons ? Quels moyens peu usités pour les honnêtes gens, pouvoit-on lui reprocher ? Il avoit nié qu'il eût reçu l'argent ; mais, suivant les lettres de la Charmette, Dujonquai le nioit aussi. Ils étoient convenus, dit-on, de garder le secret sur leur opération. Ce désir de ne rien faire qui fût connu avoit motivé les voyages du 25, & l'inconcevable fatigue qu'avoit prise le propriétaire de cent mille écus. La nécessité de garder le silence n'avoit pas cessé en deux jours. Dujonquai, s'il avoit été de bonne foi, ne devoit donc concevoir aucune alarme de la dénégation du Comte ; bien moins se feroit-il permis de l'appeller *un procédé & un subterfuge indigne*.

« Je ne vous dissimule point, Monsieur, que je *suis porteur de
» la lettre que vous avez écrite à Madame Charmette*, en vertu de
» laquelle vous me faites passer *pour un fourbe vis-à-vis des gens
» à qui cette femme en aura communiqué la lecture* ».

Que cet aveu est précieux & imprudent ! Comme il dévoile tout le manege de la bande d'agioteurs dont Dujonquai étoit l'organe & le prête-nom. La lettre du Comte à la Charmette avoit donc passé sur le champ dans leurs mains. Elle est du 26 à midi, & à sept heures ils annoncent qu'ils en sont possesseurs. Y a-t-il rien qui prouve mieux qu'elle étoit l'objet de leurs desirs, & qu'on n'avoit entretenu la sécurité du Comte jusques-là que pour se procurer cette piece, qui devoit être le fondement de tout l'édifice. Mais d'ailleurs qu'est-ce que ces termes, *en vertu de laquelle vous me faites passer pour un fourbe*, &c. qu'on la relise donc & qu'on voie s'il y a une seule phrase, un seul mot qui puisse blesser la délicatesse de Dujonquai, & l'exposer à passer pour un fourbe dans l'esprit de ceux qui la liront ! Qu'on songe toujours que la Charmette écrivoit encore le matin, qu'il nioit que la valeur des billets eût été fournie, & qu'on voie si le ressentiment qu'il marque ici n'est pas un jeu. Sur quoi est-il fondé ? Un homme honnête auroit en effet confié sa fortune au Comte, auroit commencé par éclaircir le motif de la dénégation ; mais des escrocs n'avoient pas besoin de le chercher. Ils le connoissoient trop bien. Ce sont précisément les éclaircissemens qu'ils devoient éviter. Ils n'avoient

* Elle a écrit le 26 une autre lettre imprimée page 120 des Preuves démonstratives, & que nous supprimons ici, pour abréger, où elle tient le même langage. Elle y dit qu'elle va faire assigner Dujonquai, la Veron, &c. & qu'elle est persuadée que *Dujonquai ne fera point un faux serment*. Cela suppose que Dujonquai nioit encore le 26 au matin.

d'autre rôle à jouer, que de se fâcher, de crier bien haut qu'on
les outrageoit, &c. &c. c'est, comme on voit, très-littéralement
ce que fait Dujonquai hors de chez...
» créer votre plan ».

» Réfléchissez un moment sur le service que je vous ai rendu,
» & avec quelle grandeur d'ame j'ai agi vis-à-vis de vous? vous
» verrez bientôt qu'après l'extirpation d'honneur que vous voulez
» me faire, je n'ai pu m'empêcher, pour arrêter un ravisseur qui
» vient m'ôter tout ce que j'ai de plus sacré, m'empêcher de rendre
» plainte contre vous pour instruire M. de Sartine, que vous dites
» être votre intime ami, de la conduite que vous tenez à mon
» égard ; & d'après l'instruction prise par ce digne Magistrat, il ne
» tardera pas à vous retirer l'amitié qu'il a pu vous vouer, pour
» rendre justice à qui elle est dûe, & qu'il vous apprendra à peser
» les termes que vous osez mettre par écrit ».

Continuation du même jeu. Où sont, encore une fois, ces
termes qu'il faut peser, & que le Comte a eu tort de mettre par
écrit ? Où sont ceux par lesquels il affirme qu'il n'a pas reçu
l'argent ? Mais la Charmette assure que Dujonquai tenoit le
même langage : il ne pouvoit donc pas s'en plaindre. Comment,
depuis que ces lettres sont imprimées & mises sous les yeux du
public, est-il possible que personne de ceux qui osent si légérement
juger cette affaire n'ait encore pris la peine d'en faire le rappro-
chement. Observons encore ce qui est dit ici de M. de Sartine, &
de cette plainte que Dujonquai dit faussement avoir déja rendue
contre le ravisseur qui vient lui ôter ce qu'il a de plus sacré. Cela
prouve que dès que la lettre à la Charmette leur étoit parvenue, nantis du titre qu'ils attendoient, ils avoient sur le champ,
avant même que de prévenir le Comte, voulu rendre plainte:
les Officiers publics s'y étoient refusés, peut-être dès ce jour-là,
comme il est sûr que le Commissaire Chénon le fit le lendemain.
Ceux de la Police ne voyant dans leurs sollicitations que ce qui y
étoit, les précautions prises par des escrocs qui vouloient porter
le premier coup de peur de le recevoir, les avoient écartés. Craignant que le Comte ne fût averti de leur démarche, ils se sont
déterminés à se hasarder de l'en avertir eux-mêmes. Qui ne voit,
dans tout cela, un complot formé, une combinaison suivie &
artificieusement développée...

« Vous cherchez à en vouloir à une pauvre femme qui a mis
» tout en usage auprès de ma Famille pour vous procurer le prêt de

I ij

» 327000 liv. dont je vous ai porté 12425 louis chez-vous en treize
» fois. Je ne me ferois jamais douté que vous euffiez employé tous
» vos domeftiques ce jour-là hors de chez-vous pour mieux exé-
» cuter votre plan ».

Dans la minute les mots qui énoncent la fomme font furchar-
gés. On voit que le plan n'étoit pas encore arrêté, ou que le calcul
étoit mal fait, & qu'on a été obligé de rectifier l'écriture du Secré-
taire. Mais quand on regarderoit tout ce qui précédé comme indifférent, feroit-il poffible de méconnoître la prévoyance de l'impofture à ce qui eft dit ici de l'abfence de tous les domeftiques ? Rien
de plus faux d'abord. Cela eft conftant au Procès. Pourquoi donc
Dujonquai hafarde-t-il cette affertion ? C'eft qu'elle étoit probable. Le 23 étoit le jour, on le fait, du paffage de la pierre de Ste
Genévieve. L'appareil de ce tranfport en faifoit un fpectacle pour
le peuple. Comment imaginer que les domeftiques d'un hôtel
voifin de la fcene réfifteroient à la curiofité de la voir ? Dujonquai
a réellement été ce jour-là une fois chez le Comte ; il peut s'être
apperçu qu'il y avoit peu de mouvement dans l'hôtel. Plufieurs
domeftiques pouvoient réellement être dehors au moment où il
eft arrivé.

Qu'avoit-il à craindre après tout en rifquant cette affertion
hardie & probable ? Fauffe, c'étoit une erreur fans conféquence.
Vraie, c'étoit aux yeux des efprits frivoles un très-grand préjugé
en fa faveur. Il devoit donc ne pas balancer à la hafarder, & c'eft
ce qu'il a fait.

Il a pouffé bien plus loin la pénétration depuis. Il a affirmé
que perfonne n'étoit venu dans toute la matinée voir le Comte.
Cela s'eft trouvé à-peu-près exact, & il y a des gens, à ce que l'on
dit, fur qui cette étrange preuve a fait une vive impreffion. D'abord
elle eft fauffe puifque le Chevalier de . . . . déclare être venu
& que les domeftiques du Comte conviennent qu'il l'ont vu. Mais
quand en effet il ne feroit pas venu, qu'en conclure ? Eft-il donc
fi extraordinaire qu'un Militaire retiré, qui demeure au haut du
fauxbourg St Jacques, paffe une matinée fans recevoir de vifite
fur-tout un jour où l'embarras de la rue devoit en éloigner tous
les gens d'un certain état ? Les Verons ont dabord mis au hafard
ce fait en avant comme celui des domeftiques, prêts à l'abandonner
fi on le réfutoit. Quand ils ont vu qu'ils avoient, comme il arrive
quelquefois aux Aftrologues, deviné la vérité fans le favoir, ils s'y
font attachés & en ont tiré un grand parti ; mais les appréciateurs

senfés réduiront cette preuve à fa jufte valeur. Voyant qu'il n'eft pas vrai que le Comte ait affecté de faire un défert de fon hôtel en écartant fes gens, ils ne concevront aucun ombrage de la folitude où les étrangers l'ont laiffé pendant une matinée.

« Je penfe actuellement que *l'abfence de votre Secretaire* ne » vous a point nui. Vous avez cherché à éloigner tout ce qui » étoit dans le cas de vous porter ombrage pour la réuffite de » l'entrée de nos fonds dans votre maifon ».

Autre impofture. Il eft prouvé que le Secretaire du Comte eft refté avec lui dans fa chambre jufqu'à onze heures. Une remarque importante, c'eft que ce Secretaire qui contredit fi formellement Dujonquai, & que les liaifons avec le Comte dévoient rendre fi fufpect, n'a pas été décrété; au lieu que le fieur Menager, la Dame Duvelz, la femme Durand, &c. l'ont été fur un bien moindre prétexte. Pourquoi ? Ne feroit-ce pas que le Juge avoit tâté les efprits ? Il ne fe flattoit pas d'effrayer le fieur Lacombe par l'appareil de la procédure, ni de prendre aucun avantage fur lui dans les interrogatoires, comme il fe le promettoit à l'égard des autres qu'il avoit vu plus foibles, plus indifcrets, plus faciles à embarraffer, & à déconcerter.

« Vous avez bien joué votre ftratagême; mais heureufement » pour nous, Monfieur, que j'ai les titres qui affurent la créance » de ma mere, *lefquels font de préfent dépofés chez un Com-* » *miffaire* ».

Nouvelle preuve que le projet étoit de rendre plainte auffitôt qu'on auroit en fa poffeffion la précieufe réponfe à la Charmette. On comptoit y procéder peut-être dès le foir même, ou au plus tard le lendemain matin; & cette phrafe eft encore effentielle, en ce qu'elle fait voir qu'on étoit convenu, en rendant la plainte, d'y annexer les billets. Dujonquai étoit dans cette idée; elle juftifie l'énoncé des déclarations où il affirme *que ce dépôt a été fait le 28.* Dès le 26 il croyoit qu'il devoit l'être, & que c'étoit une formalité inféparable de cette opération.

Le refte de la lettre ne mérite pas d'être difcuté après tout ce que l'on vient de voir. Il n'y a de remarquable que l'affertion fauffe & injurieufe que le Comte de Morangiés *a fait perdre moitié à fes créanciers*, & la groffiereté ridicule & infolente avec laquelle il s'exprime en finiffant.

« Je n'oublierai point la conduite que vous tenez à mon égard,
» & j'espere que vous serez obligé, malgré tout ce que vous
» puissiez faire, de convenir de la vérité, & de me réparer, &
» me laisser jouir paisiblement de l'honneur que vous cherchez
» m'envahir. Je suis, Monsieur, *avec l'estime que vous méritez*,

Encore une fois, un homme honnête, même avec des soupçons, ne se seroit pas permis cette brutalité inouie, sur-tout avant que d'avoir pris aucun éclaircissement sur la simple lettre de la Charmette; il ne lui-seroit pas tombé dans l'esprit qu'un homme de condition pût se résoudre à un vol aussi facile à démasquer qu'il pût avoir la criminelle idée de revenir contre des titres aussi décisifs que des billets dont la valeur auroit été fournie. Il auroit voulu approfondir le fait. Il n'y avoit que des escrocs déterminés qui pussent si promptement hasarder de semblables reproches. L'assurance avec laquelle ils affectent de croire au crime, est une preuve convaincante du leur.

Il est donc clair que toute la conduite des Verons, depuis le 24, décele leur infidélité. Innocens, elle ne pouvoit pas leur venir à l'esprit : ce n'est que pour se ménager un moyen d'attaquer le Comte qu'ils lui font parler & écrire par la Charmette. Ce n'est que pour l'engager à répondre qu'ils lui font dire par cette femme que Dujonquai nie d'avoir donné l'argent; car encore une fois si elle avoit dit tenir de Dujonquai que la valeur avoit été délivrée, l'escroquerie étoit avouée; & le Comte une fois instruit, il alloit à la Police sans qu'on pût le prévenir.

Il est si vrai qu'on n'attendoit que sa lettre pour l'attaquer qu'elle est annexée à la plainte rendue enfin le 28 par la veuve Veron chez le Commissaire Thiery, quand, après le refus d'un de ses Confreres, & peut-être de plusieurs, il a bien voulu la recevoir. C'est pour le coup que *la face des coupables est bien découvert*, & qu'on peut apprécier leurs procédés. Qui croiroit qu'il existe de leur crime une preuve encore plus forte, & que cette preuve est émanée de la veuve Veron, comme on va le voir.

§. IX.

Sixième preuve que la valeur des billets n'a pas été fournie, tirée de la plainte rendue par la veuve Veron, le 28 Septembre 177

Sur quoi porte le procès de la part des Verons? Sur un emprunt de cent mille écus que leur a fait le Comte de Morangies?

& qu'il dénie. Comment articulent-ils que le prêt a été confommé? Par la remife de 298200 livres en or, faite le 23 Septembre, par celle de 1200 livres en argent blanc faite le 24, & par un préfent de 600 livres fait le même jour au jeune Dujonquai. Voilà les faits qui font la bafe de leurs procédures & de leurs demandes. Il ne leur eft plus permis aujourd'hui de les rétracter fans s'expofer à paffer pour des fauffaires.

Ces faits, où ont-ils, ou du moins où doivent-ils avoir été confignés la premiere fois? Dans la plainte rendue par la veuve Veron le 28 Septembre 1771. Mais s'il fe trouvoit dans cette plainte un énoncé contradictoire avec celui des Verons, fi les fommes n'étoient pas les mêmes, fi la grand'mere articuloit qu'il eft refté pour le lendemain un appoint plus fort à donner au Comte, fi elle affirmoit qu'il a fait à Dujonquai un préfent plus confidérable, fans doute il ne feroit plus poffible d'ajouter foi aux affertions de la mere ni à celle des enfans. Confondus par leur contradiction, convaincus d'une impofture criminelle par la différence de leurs énoncés, il ne refteroit plus qu'à examiner de quels châtimens ils font dignes. La Juftice n'auroit plus à bâlancer que fur le choix de leur peine.

Or cette contradiction exifte. Dans la plainte de la veuve Veron elle déclare qu'après le paiement du 23, il reftoit à faire au Comte une remife de 2000 livres, & qu'il a fait à Dujonquai un cadeau de 800 livres. Après cela qu'on juge où font les coupables.

Dira-t-on que c'eft une méprife de la part de la vieille, & une méprife fans conféquence; qu'elle énonce exactement le montant de la principale fomme portée en or, de 12425 louis, & qu'elle a pu innocemment fe tromper fur l'appoint du lendemain? D'abord fi c'étoit une méprife, ce feroit un malheur, mais il feroit irréparable. Il n'y a aucune raifon qui puiffe faire croire à la Juftice que la Veron n'a erré que fur l'article des 2000 livres & des 800 livres. Sa négligence ou fa prévarication peuvent avoir enflé la groffe fomme de même que les petites. Elle peut s'être trompée en difant qu'on avoit remis la veille 12425 louis, comme en affirmant que le Comte de Morangiés a donné le lendemain 800 livres à fon petit-fils. Sa plainte démontrée fauffe en un article, devient caduque dans tous les autres, fur-tout quand cette fauffeté influe fur le fonds. Il s'agit d'une fomme qu'elle répete, & les fubdivifions dont elle la forme en compofent une plus confidérable. C'eft donc une chimere que toute fa répétition, & celle de fes enfans, qui n'en eft que la continuation, eft infoutenable.

Mais enfuite ce n'eft pas une feule méprife : il y en a deux ici; elle s'oublie fur la totalité de l'appoint qu'elle fait monter à 2000 livres, & fur la quotité du préfent reçu par fon petit-fils qu'elle fixe à 800 livres ; cependant dans les Plaidoieries, auxquelles elle dit en mourant *qu'elle a affifté*, dans le Mémoire imprimé en 1772, qui contient les Plaidoyers rectifiés, on l'a introduite, p. 27, difant au Comte, le 24 Septembre, *qu'il devoit être bien content d'elle, puifqu'elle lui avoit fourni tout en or*, A L'EXCEP-TION DE DIX-HUIT CENS LIVRES, & le Comte lui répond, *non Madame, ce n'eft que 1200 livres que je fais emporter ; car j'ai fait préfent de SIX CENS LIVRES à M. votre petit-fils.* Ou cet article du Mémoire eft faux, & alors quelle foi avoir à tout le refte ? Ou la veuve Veron favoit à merveille qu'il n'étoit dû que 1800 *livres*, & que la générofité du Comte n'en retranchoit que 600 *livres* pour le Porteur zélé qui s'étoit échauffé la veille à lui porter tout fon or ; & en ce cas, comment avoir le moindre égard à fa plainte, fi ce n'eft pour en tirer la preuve de l'impofture?

La vieille n'auroit pu fe méprendre innocemment fur un femblable article, que par une exceffive foibleffe d'efprit : mais alors quel préjugé contre fes démarches, & fur-tout contre fon teftament! Celle dont la tête auroit ainfi confondu les objets quand elle fe portoit bien le 28 Septembre 1771, auroit-elle confervé le 6 Avril 1772, après une maladie longue & doulou-reufe, la force d'efprit néceffaire pour dicter avec tant de pré-cifion un acte rempli de claufes délicates & de déclarations va-riées ? Comment faire fond fur ce qu'elle y dit des cent mille écus prêtés au Comte, & des 200000 livres avancées à fon gen-dre, & de toutes les affirmations qu'elle y réitère ? Elle étoit plus forte, plus à elle en fanté qu'en maladie : or, en fanté elle s'eft évidemment, matériellement trompée: Pourquoi n'auroit-elle pas également commis dans fon lit des inadvertances, & attefté des menfonges ?

La méprife de la plainte eft d'autant plus frappante, que l'é-noncé de 2000 livres y eft répété plufieurs fois. Ce n'étoit donc pas une faute paffagere, un oubli momentané ; c'étoit bien un deffein formel de la part de la vieille de fpécifier ces fommes ; & dès qu'elles ne quadrent ni avec fa propre déclaration, ni avec

avec celle de ses enfans, il s'enfuit que le tout est un roman sans
vérité ; il est clair que la malheureuse femme avoit oublié son
rôle : on lui avoit bien répété ce qu'elle devoit dire sans doute ;
on lui avoit bien des fois réitéré sa leçon ; on la croyoit instruite.
La providence a permis qu'elle se troublât en la débitant, & qu'a-
près sa mort il existât d'elle un démenti sans replique donné à la
manœuvre criminelle, dont on l'avoit forcée d'être la complice
pendant sa vie.

Cette preuve n'est pas du genre de celles qu'on élude avec
des mots & des mensonges. On cherchoit un titre écrit émané
de la part de la veuve Veron, pour autoriser à se pourvoir par la
preuve testimoniale contre des billets faits à son profit. Le voilà.

Dira-t-on qu'il est anéanti par l'Arrêt du 11 Avril 1772, qui
déclare cette plainte nulle & illusoire ? Du moins n'est-ce pas à
des Juges qu'on oseroit présenter une semblable réponse. Cette
plainte anéantie, quant aux effets qu'elle pouvoit produire contre des tiers, subsiste en son entier quant aux indices qui peuvent
en résulter contre ses auteurs ; sans quoi la maladresse d'un criminel lui seroit salutaire, & un faussaire qui auroit le bonheur de
commettre une nullité dans l'acte qu'il auroit fabriqué, se sous-
trairoit à la punition par sa malhabileté même. Ce ne seroit pas
sérieusement qu'on nous objecteroit une pareille réfutation.
La plainte de la Veron subsiste en son entier aux yeux de la
justice pour les renseignemens qu'elle peut offrir sur le fait qu'il
s'agit ici d'éclaircir. Or le fait est de savoir si réellement il a été
remis au Comte une somme qui laissât le lendemain 1800 livres
à donner pour completter celle qu'il attendoit. La veuve Veron
atteste, & plusieurs fois, qu'il restoit encore 2000 livres. Ses enfans affirment qu'il ne restoit que 1800 livres. L'assertion
totale est donc fausse, & tout le système de cette femme &
celui de ses enfans, dépouillé de l'apparence imposante que l'art
lui a donné jusqu'ici, n'offre plus que le squelette hideux d'une
friponnerie dont il faut au plutôt purger la société.

Le secret impénétrable où est toujours restée pour nous la procédure, nous avoit privés jusqu'ici de cette preuve essentielle, décisive, après laquelle il ne reste rien à examiner : un hasard heureux nous en a procuré la connoissance ; mais comment est-il
possible qu'elle ait échappé jusqu'ici à tous les yeux qui ont dû

par devoir approfondir l'inftruction, à toutes les mains qui l'ont
feuilletée ? Comment le Miniftere public n'en a-t-il point fait
ufage ? Il doit être le protecteur des Accufés innocens, & tirer
de la nuit du Procès les indices favorables que la rigueur de notre Jurifprudence leur cache. Comment a-t-il gardé un filence
fi obftiné fur cette piece précieufe ? Comment après l'avoir vue,
le Procureur du Roi du Bailliage a-t-il pu conclure à des peines
afflictives contre le Comte de Morangiés, & les Juges du Bailliage le déclarer atteint & convaincu, &c. ? C'eft un myftere
où nous nous perdons. Nous fupprimons nos réflexions fur cette
trifte fatalité ; & nous nous en rapportons à la fagacité des Juges fupérieurs, pour celles qu'une femblable négligence ne peut
manquer de faire naître dans leur efprit.

Mais nous ne pouvons en fupprimer une que le procédé de
nos Adverfaires juftifie. Avec quel orgueil jufqu'ici n'ont-ils pas
ofé répéter fans ceffe les reproches de mauvaife foi contre les
Plaidoyers & les Ecrits qu'on leur oppofoit! Avec quel art n'ont-
ils pas répandu dans le monde, & perfuadé même pendant un
tems, que la défenfe du Comte de Morangiés n'étoit qu'un jeu
d'efprit de la part de fon Défenfeur, où la fuite d'un dévouement
criminel, d'une chaleur allumée par les rayons impurs d'un
or infecté lui-même ! Ils ont été jufqu'à imprimer que celui-ci
feul s'étoit oppofé à un arrangement réfolu par la famille. Qu'on
juge donc à préfent à qui font dûes ces indignes qualifications !
La plainte de la veuve Veron étoit néceffairement fous les yeux de
tous ceux qui les ont hafardées. C'étoit la piece effentielle à leur
communiquer. Tous la citent ; tous l'ont donc vue, & tous à cet
afpect, au lieu de rendre hommage à la vérité, ne fe font occu-
pés qu'à polir, à perfectionner le roman deftiné à l'étouffer.

Il y a plus : tous y ont lu cette articulation précife, que le 24 à
dix heures, le Comte de Morangiés envoya fon Laquais avec une
lettre, *où il demandoit les 2000 livres* ; & page 26 du Mémoire
de 1772, figné Vermeil, on lit cette même lettre qu'on fuppofe
conçue en ces termes : *Je vous prie, Monfieur, de remettre au
Porteur les 1200 livres. Je fuis*, &c. Ou ce court billet porte
2000 livres comme l'affirme la vieille, & alors quel eft le fauf-
faire qui l'a altéré ? Ou il n'y a que 1200 livres, & alors nous
demanderons au Défenfeur s'il l'a vu en original ou s'il l'a adopté
fur une copie : s'il a vu l'original, pourquoi ne le produit-on

pas au Procès ? Et si c'est une copie qu'on lui en a remise, comment a-t-il pu y avoir la moindre confiance, dès que la plainte du 28 le dément aussi formellement ? Nous nous contenterons de cette observation qui suffit & au-delà à notre vengeance. Mais si dans tout le cours de la Cause, la défense du Comte de Morangiés nous avoit présenté la cent millieme partie d'une semblable difficulté, il y a long-tems qu'il ne recevoit de nous que des marques du plus profond mépris, & que son zélé Défenseur seroit son plus cruel ennemi.

§. X.

Réponse aux objections tirées par les Verons de l'inaction supposée du Comte, après le 24 Septembre, & d'un bordereau signé de sa main le même jour, &c.

S'il y a jamais eu une escroquerie démontrée, c'est assurément celle des Verons. Jamais ils n'ont eu en leur possession cent mille écus ; jamais ils n'ont pu les avoir.

Ils ne les ont pas eu. Personne n'a eu d'indice de ce prétendu trésor. On n'en a apperçu que de leur misere. Chassés de Paris par le besoin ; ramenés à Paris par l'indigence ; voyageant par les commodités que l'économie opulente peut préférer, mais que l'économie prudente auroit tremblé de choisir ; puisqu'elle les exposoit à perdre toute leur fortune dont ils, disent qu'ils s'éloignoient ; réduits à envisager un métier odieux, flétrissant, comme leur unique ressource, & à sacrifier, pour s'y faire initier, la moitié du capital infiniment modique qui leur restoit * ; vivant sans meubles, dans la crapule ; n'ayant d'autres amis, d'autres connoissances, de leur aveu, que des usuriers, des cochers & des libertins ; élevant leurs enfans sans éducation ; poussant la négligence sur cet article à d'excès dont les lettres de Dujonquai portent la preuve ; il est clair qu'ils n'étoient pas propriétaires d'une somme qui leur élevât le cœur & les enhardit à espérer de pousser ce jeune homme dans la Magistrature. Plaisant noviciat pour ce genre d'exercice, que ceux auxquels Dujonquai passoit son tems !

Ceux qui disent que l'obscurité n'est pas un obstacle à la possession d'un trésor, que souvent on voit des avares jouir d'une

* Voyez ci-devant, page 4.

K ij

richeffe inconnue que leur mort feul révele, ont raifon : mais d'a-
bord il y a toujours quelque foupçon caché qui les décele ; on
connoît leur goût & leurs fuccès: fans favoir en détail ce qu'ils
poffédent, on le devine : l'or comme les parfums fe trahit quelque part qu'il foit , & dans l'état le plus obfcur un homme qui
en poffède beaucoup , paffe bien rarement pour pauvre.

Mais les riches clandeftins dont on pénetre le fecret , & ceux
qui parviennent à le déguifer jufqu'à la fin de leurs jours, n'ayant
pour chérir cette myftérieufe obfcurité d'autre raifon que la crainte
de fe voir arracher l'objet de leur amour , fe gardent bien de le
placer ; ils le confervent en maffe ; ou fi l'efpérance de l'accroî-
tre les engage à s'en deffaifir, ce n'eft qu'avec des précautions
exceffives. Jamais les fûretés ne font affez bien prifes. La caution de l'univers les raffureroit à peine ; & ici les Verons qui
imitent, dit-on , leur richeffe & leur attachement, n'ont rien de
leur défiance. Dans des tems malheureux où les caiffes les plus
renommées éprouvent du difcrédit, ils confient à un étranger
cent mille écus avec plus de légereté qu'un ami ne prête cent
piftoles à l'ami qu'il chérit le plus. Ils ne prennent pas même
d'information fur leur débiteur ; ils tremblent qu'on ne leur faffe
pas la grace d'accepter leurs efpeces. L'héritier porte le dévouement au point de les voiturer lui-même, feul , en perfonne, à
pied ; il les abandonne fur de fimples reconnoiffances qui ne fti-
pulent ni l'intérêt, ni le terme de la reftitution , ni le genre de
fûreté ; & pour comble d'inconféquence , quand au Procès ils
veulent rappeller ces reconnoiffances , ils tombent dans une
contradiction manifefte avec un témoin corrompu qui veut les
fecourir. Ils n'ont donc jamais eu l'or.

Ils n'ont pas pu l'avoir. Les trois feuls témoins qu'ils citent
pour attefter cette poffibilité, font morts. Des trois, deux dont
l'opulence , difent-ils, a fait là leur , font morts infolvables : Veron & Chotard. Le troifième qui en a été le confident & le dépofitaire , a laiffé dans fes papiers une preuve manifefte, que
l'infolvabilité de Veron étoit le feul héritage qu'il eût pu laiffer
à fes fucceffeurs. Tout leur roman à cet égard eft ridicule &
contradictoire.

Ne l'ayant pas eu cet or , ne l'ayant pas pu avoir , ils ne l'ont
donc jamais porté au Comte de Morangiés. Les preuves du

tranſport qu'ils donnent ſont mendiées & inſuffiſantes. Leurs
témoins décélent par l'abſurdité de leurs dépoſitions l'impoſture
dont ils ſont les organes : eux-mêmes par le plan auquel ils ſe
ſont aſtreints, par la marche qu'ils ont ſuivie, par les lettres
qu'ils ont écrites, découvrent le fond de leurs eſpérances, &
adminiſtrent des preuves concluantes de leur crime. Enfin, la
veuve Veron ſortant du tombeau, pour ainſi dire, en ce
moment, vient les démentir de la maniere la plus formelle.
Un monument authentique ſigné de ſa main, & dont le ſecret
où ils l'ont renfermé les a encouragés à abuſer, porte la réfutation ſans replique de tous leurs menſonges.

D'après cela peut-il ſubſiſter quelque doute ſur l'innocence
du malheureux Comte de Morangiés ? Quand on appercevroit
encore quelque obſcurité, quelque incertitude ſur certains points
du Procès, indifférens en eux-mêmes, ou dont le premier Juge
s'eſt obſtiné à refuſer de chercher l'explication, le fond en
ſeroit-il moins clair, moins palpable dans tout le reſte ? Un
axiome de philoſophie dit, que quand on apperçoit l'évidence,
une difficulté qui n'eſt pas détruite, ne doit pas empêcher d'y
croire. Or ici l'évidence eſt du côté du Comte, & accable ſes
Adverſaires. Les reſſources que l'art ou l'infidélité leur auroient
ménagées, des difficultés exagérées, des incertitudes chimériques
pourroient-elles être un obſtacle à l'effet qu'elle doit produire ?
Et quelles ſont-elles, ces dernieres reſſources d'un déſeſpoir
impuiſſant, d'une impoſture confondue ? C'eſt l'inaction du
Comte depuis le 24 juſqu'au 30 Septembre : c'eſt un bordereau
écrit de ſa main le 24, où il déclare qu'*il ne remettra ſes
billets que quand il aura reçu ſon argent en eſpeces ſonnantes.*
Détruiſons-les donc.

La premiere ne ſera pas difficile à anéantir : elle l'eſt par le fait
même. Nous avons prouvé que juſqu'au 26 au ſoir, le Comte n'a-
voit pu ni dû agir, & nous avons développé l'adreſſe avec laquelle
les Verons avoient tendu le piege qui le mettoit dans l'impoſſibilité de ſe mouvoir ; redevenu libre le 26 au ſoir, il a agi le 27.
Il a vu le Magiſtrat de la Police. Il y a été vu de pluſieurs perſonnes du plus grand poids * ; le Magiſtrat lui-même ne le dé-
ſavouera pas. Le 28 il lui a remis le Mémoire qu'il avoit com-
poſé dans l'après-midi du 27. Le 29 les ordres ont été donnés

Voyez l'examen
abregé page. 22.

de prendre des éclaircissemens sur la conduite des Verons, &
le 30 c'est d'eux-mêmes qu'on a voulu les recevoir. Y a-t-il là un
moment de perdu? que s'ensuit-on à eux-mêmes par ... ...
Que deviennent maintenant les déclamations tant de fois &
si audacieusement débitées sur le rapport qu'il y avoit entre la
détention des Verons le 30 par le ministere de la Police, & la
saisie-revendication qui devoit se faire le lendemain premier Octobre chez le Comte sur la permission de M. le Lieutenant Criminel? Le Comte, a-t-on dit, en avoit été instruit; c'est pour
cela qu'il s'est remué: ce n'est que dans ce moment qu'il a corrompu les Inspecteurs, le Procureur, le Commissaire (on n'a
osé aller plus loin), pour exposer les Verons à une question capable de leur arracher des armes contre eux-mêmes ... ...

Rien n'est donc plus faux, puisque l'ordre d'approfondir l'affaire étoit déjà émané de la Police avant l'Ordonnance de saisie
surprise au Châtelet. Et si ce n'est pas là une preuve „ où faut-il
la chercher? ... ...

A l'égard du bordereau, on n'en a pas fait moins de bruit.
Le parti que l'on en a tiré a été au point même d'éblouir beaucoup d'auditeurs ou de lecteurs inconsidérés, qui se sont imagi-
nés que c'étoit un aveu formel du Comte resté dans les mains
des Verons & produit par eux. Mais d'abord, c'est lui qui l'a produit & l'a fait annexer au procès: si ce n'est pas un indice de sa
bonne foi, ce ne peut pas non plus en être un de son infidélité.
Au reste, que porte-t-il? Le voici ... ...

Au premier Avril 1772	9000 liv.	intérêts.
Au premier Octobre 1772	9000	intérêts.
Au premier Avril 1773	9000	intérêts.
Au premier Octobre 1773	9000	intérêts.
Au premier Avril 1774	9000	intérêts.
Au premier Octobre 1774	106000	intérêts & tiers du capital.
Au premier Avril 1775	6000	ou intérêts réduits d'un tiers.
Au premier Octobre 1775	106000	intérêts & second tiers du ca- pital.
Au premier Avril 1776	3000	intérêts réduits de deux tiers.
Au premier Octobre 1776	103000	intérêts & fin du rembourse- ment.
Total	372000 liv.	

Voyez l'examen
ci-dessus page 22.

Je soussigné promets *de remettre mes billets* au porteur ou ordre aux
échéances, & des sommes suivant le tableau ci-dessus, lorsque la somme

de trois cent mille livres me sera réellement comptée & remise en especes sonnantes, le surplus du montant des billets étant pour les intérêts dus aux prêteurs, à raison de 6 pour cent, suivant les conventions, que j'ai acceptées, & que j'accepte par le présent écrit. A Paris ce 24 Septembre 1771. *Signé*, le Comte DE MORANGIES.

1°. Il est donc question-là d'un autre emprunt que de celui qui a pu motiver les billets dont il s'agit aujourd'hui, qui ne montent qu'à 327000 livres payables en quatre termes à deux ans; la somme & les échéances ne sont pas les mêmes; il ne prouve donc pas la réalité du paiement supposé ici.

2°. S'il étoit permis d'en tirer quelque induction, ce seroit que le paiement n'avoit donc pas été effectué la veille; puisque le 24 le Comte promettoit de remettre ses billets quand on lui auroit fourni les especes? Croiroit-on comment les Verons répondent à cette objection? Le bordereau n'est pas du 24, disent-ils, parce que l'or avoit été délivré le 23. Mais c'est donner pour preuve ce qu'il s'agit de prouver. Nous répliquons: l'or n'avoit point été délivré le 23, puisque le lendemain le Comte ne parloit de cette livraison que comme d'un objet à venir; & d'après tout ce qui précede il est aisé de voir lequel des deux raisonnemens est le plus conséquent.

3°. Une autre preuve que cette piece administre, c'est que le Comte avoit dessein de faire des billets négociables: il s'engage à remettre *ses billets au porteur ou ordre*. A quelque date qu'on place le bordereau, voilà un énoncé précieux. S'il est du 23, comme les Verons le prétendent, contre la vérité; s'il faut y ajouter foi, comme ils le veulent, & nous aussi, les billets étoient de vrais effets de commerce; & alors que devient toute la discussion profonde des *Preuves résultantes* (page 17), où l'on distingue si savamment les billets où le nom *est mis en blanc*, de ceux où il est apposé en noir?

Ce fait est bien essentiel. Les Verons n'ont cessé de dire & de redire que les billets du 24 devoient rester dans les mains de la Verons; qu'ils étoient faits à son profit comme en étant la propriétaire directe; qu'ils ne sont point dans une forme qui put autoriser à les négocier; que la mention faite dans la déclaration d'une *Compagnie pécunieuse*, dont la veille ne devoit être que

le prête-nom, n'est qu'une chimère. Voilà un énoncé qui la con-
solide. Le Comte vouloit faire des billets au porteur *ou ordre*
dans son idée ils dévoient donc être susceptibles d'être négociés.
Cette vérité est encore confirmée par la lettre du Comte, du
26, où en parlant de la remise des fonds, il dit qu'elle n'aura
pas lieu si la Charmette en divulgue le projet, parce que *les prê-*
teurs ne veulent pas que la chose se sache. Les prêteurs ! Ce n'é-
toit donc pas la veuve Veron seule à qui le Comte croyoit avoir
affaire ? Il étoit donc bien persuadé qu'il traitoit ou qu'on traitoit
pour lui avec une Compagnie. Les déclarations sont donc vraies.

4°. Mais le Comte y déclare qu'*il ne remettra ses billets que*
quand il aura reçu la somme en espèces sonnantes. Les billets sont
remis : donc il a reçu la somme. Cette objection est la plus spé-
cieuse de toutes celles que les Verons ont pu faire ; mais à l'examen elle s'évanouit bientôt. D'abord, c'est le Comte de Morangies qui a produit la pièce : observation très-essentielle. S'il avoit
en effet touché l'argent, auroit-il commis cette indiscrétion ? Un
homme fin, adroit, comme on le représente, & sur-tout habi-
tué au vil manège qu'on l'accuse, auroit-il été assez aveugle pour
ne pas voir qu'un pareil monument portoit témoignage contre
lui ? N'en auroit-il pas été averti par son propre cœur ? Il échappe
sans doute quelquefois aux ames corrompues des inadvertances
qui les perdent, mais sont-elles de ce genre-là ? Et ce qui seroit
un excès d'imprudence incroyable de la part d'un homme coupable, ne devient-il pas une démarche toute naturelle de celle
d'un innocent ?

Il a compté, dit-on, sur la date ; il n'a fait attention qu'à
l'avantage qu'il auroit à montrer un écrit du lendemain pour
prouver que l'or ne lui auroit pas été porté la veille, & c'est ce
qui lui a dérobé le danger de l'énonciation précédente. Mais cela
peut-il se supposer ? Quel est l'homme assez stupide pour se flatter
qu'on fera plus d'attention en Justice à une date qu'il a été
maître de placer, qu'à une stipulation précise, claire qui dépose
contre lui ? Les Verons étoient les maîtres de nier la justesse de
la date : le Comte ne l'étoit pas d'éluder les conséquences que pré-
sentoit l'énoncé du bordereau, & s'il avoit eu quelque chose à
se reprocher, ces conséquences lui auroient paru bien plus
terribles que la transposition de la date ne pouvoit lui paroître
favorable.

favorable ; quel plus heureux indice de fa bonne foi que la confiance avec laquelle il présente une piece qui l'accabloit, pour
peu que les Verons fuſſent fondés ?

Et ce n'eſt pas dans le premier moment qu'il a dépoſé ce bordereau, ce n'eſt pas dans l'inſtant d'un premier trouble où la précipitation néceſſite quelquefois des mépriſes qui démaſquent le
crime ; c'eſt le 4 Octobre, en faiſant ſa dénonciation ; par conſéquent c'eſt de ſang-froid, c'eſt à tête réfléchie, c'eſt après avoir
bien combiné des circonſtances & les effets, qu'il s'eſt déterminé
à ce dépôt : donc il n'y a rien vû de contraire à ce qu'il atteſtoit
chez l'Officier public à qui il le remettoit : donc réellement ſa
conſcience ne lui reprochoit rien.

Mais il en réſulte qu'il ſavoit bien qu'il ne falloit pas confier
des billets ſans en exiger une reconnoiſſance ; pourquoi donc a-
t-il fait le contraire ? Le même raiſonnement que nous venons
de faire s'applique encore ici. Il ſeroit ſi étrange, il ſeroit ſi ridicule qu'en affirmant qu'il a donné ſes billets ſans reconnoiſſance, il eût fourni lui-même la preuve qu'il ne vouloit pas les
donner ſans cette précaution, que s'il étoit criminel, il ſeroit encore
plus fou.

Mais enſuite, le Comte de Morangiés n'a jamais nié qu'il ne
fut qu'il étoit prudent d'exiger des reconnoiſſances quand on
confioit des billets à des agens pour les négocier ; il a même ſpécifié dans ſa dénonciation que c'étoit ſon deſſein ; il a dit qu'on
lui avoit fait perdre de vue cette précaution importante ; & l'indifférence qu'il a montrée ſur cet article, il l'a juſtifiée par l'uſage
habituel du commerce, par celui où ſont tous les Banquiers,
Marchands, &c. & autres qui ſe mêlent de la négociation des
effets, & plus encore par la néceſſité où ſe trouvent tous ceux
qui ont recours à des uſuriers. Cette indifférence a ſubſiſté le lendemain & le ſur-lendemain, malgré les inquiétudes qui ſe pré-
ſentoient à ſon eſprit, parce que d'une part, on faiſoit tout ce
qu'il falloit pour les diſſiper, & que de l'autre, il n'étoit plus
tems de réparer cette omiſſion. Si les Verons étoient fideles, la
demande tardive d'un reçu pouvoit les indiſpoſer ; s'ils ne l'é-
toient pas, elle étoit inutile ; ils ne s'y feroient pas rendus : le
premier inſtant manqué, il n'y avoit donc plus d'autre parti que
d'attendre.

L

Mais comment s'oublier dans cet inftant ? Ah, comment ? Eft-
ce donc la premiere fois que l'on projette une chofe & qu'on
ne la réalife pas ; qu'on varie fur la réfolution la plus fermement
prife ? Si le Comte avoit eu des foupçons, il feroit inexcufable ; mais
n'ayant que de la confiance, fon oubli n'a plus rien de furprenant.
Il eft fâcheux fans doute ; mais eft-il plus fingulier que celui
de la veuve Veron, qui fe plaignant le 28 Septembre d'une
croquerie de cent mille écus, fpécifie plufieurs fois *300 200 livres* ?
Cette imprudence eft-elle plus révoltante que celle des Verons
qui allant de Vitri-le-François à Nogent par une charrette, & de
Nogent à Paris par le coche, envoient leur cent mille écus par
un Roulier, & les confient à ce Voiturier inconnu, fans déclaration, fans reçu, fans autre précaution que de les ferrer dans
un grand coffre avec de la batterie de cuifine ? Cette facilité à fe
diftraire d'un objet important eft-elle plus extraordinaire que
celle de Dujonquai, qui, après avoir pris une fi prodigieufe
peine pour fe débarraffer de fon or, dans l'efpérance de s'en affurer
l'intérêt à fix pour cent, l'abandonne fur de fimples reconnoiffances, qui non-feulement ne fixoient aucun terme pour le rem-
bourfement, mais même excluoient toute demande d'arrérages,
pour peu que le prétendu débiteur eût de mauvaife foi ?

Suppofons que de part & d'autre on cite des chimeres pareilles,
que l'on s'arme d'une abfence d'efprit également inconcevable,
au moins on n'en reproche qu'une au Comte de Morangiés ;
elle eft juftifiée par tout ce qui peut la rendre probable. En voilà
trois échappées aux Verons, toutes graves, toutes extravagantes
fi elles font vraies, toutes impoffibles à croire de quelqu'un qui
n'a pas perdu la raifon. Le Comte auroit donc encore fur eux,
même à cet égard, un prodigieux avantage. Qu'on repaffe maintenant tous les autres articles ; qu'on voie quelle y eft fa fupé-
riorité ; & qu'on ofe encore balancer.

Que refte-t-il à lui reprocher ? Sa conduite perfonnelle ? Elle
eft irrépréhenfible dans tout ce qui conftitue l'homme d'honneur,
nous en atteftons tous les Officiers qui ont fervi fous lui & avec
lui ; nous en atteftons le Régiment entier qu'il a eu l'honneur
de commander long-tems. Il n'a ceffé d'y donner les preuves
moins fufpectes de défintéreffement & de générofité ; les nuages

qu'on a essayé d'élever sur sa probité, ne sont que des calomnies affreuses ; l'examen les a tous fait évanouir.

Son dérangement ? le désordre de ses affaires ? Il ne nuit à personne qu'à lui. Si la trop grande facilité en ce genre étoit un crime, ou autorisoit les soupçons, combien de coupables, combien d'hommes honnêtes seroient compromis ? Des dettes sont-elles toujours la preuve d'un cœur corrompu ? Qu'on remonte à la source de celles du Comte, on verra qu'elles sont nées au service ; si cette source est ruineuse, au moins n'est-elle pas impure *.

L'état de ses biens mis en direction ? Jamais peut-être il n'y a eu de preuve plus sensible de sa délicatesse ; il a pour 1,500,000 livres de biens au moins, & pour 400,000 livres de dettes au plus, dont partie venant de succession. On le menace d'une saisie-réelle ; intimidé par la crainte de ces poursuites dévorantes, il s'arrange avec ses Créanciers ; il leur assure le capital, les intérêts & les frais ; il leur remet à eux-mêmes le gage de leurs créances ; c'étoit une imprudence énorme sans doute, puisque l'année d'après son contrat, une seule sous-inféodation de partie d'une Terre lui procure cent mille écus * ; sans les frais de direction, il seroit donc déja quitte aujourd'hui. Mais cette imprudence annonce-t-elle autre chose qu'un bon cœur, & un homme trop facile en affaires ?

Enfin seroit-ce son insolvabilité dont on oseroit persister à tirer des inductions désavantageuses ? Elle est détruite, & par des pieces convaincantes ; on l'a dit, on l'a prouvé, pag. 36 des Observations. Il ne reste plus, pour achever de libérer ses biens, qu'une très-modique avance à faire ; & elle va être consommée par une contribution de ce qu'il y a de plus grand, de plus illustre, de plus respectable en France ; bienfait dont les circonstances augmentent le prix ; secours flatteur bien moins par le soulagement qu'il lui procure, que par sa justification qui en résulte. Il est donc absous par son Ordre qui consent à l'avoir pour débiteur. Est-ce d'un criminel avili que la Noblesse Françoise voudroit devenir créanciere ? Quoi de plus glorieux, de plus consolant pour le Comte que de voir, d'une part, une portion de cette Noblesse généreuse s'émouvoir au fond d'une Province pour arrêter hautement l'idée qu'elle a de son innocence, & de l'autre, ses Chefs se réunir dans la Capitale pour dégager son patrimoine ? Quel puissant contrepoids aux humiliations dont il a jusqu'ici si injustement été

* Voyez à ce sujet les pag. 36 & suiv. des Observations.

* Cela est prouvé par acte devant Notaires. Voyez les Observations, pag. 37.

chargé! Il est innocent, rien n'est plus clair. Comment donc a-t-il pu être conduit dans cet abîme de douleur & d'opprobre où il est plongé? Par une procédure inique autant qu'effrayante. C'est ce qui nous reste à prouver.

TROISIEME PARTIE.

De la Procédure & de la prise à Partie.

Sur cet article nous sommes obligés de nous restreindre quoique les idées & les preuves se présentent en foule. La proximité du Jugement ne nous permet pas de nous livrer à une discussion étendue. Des raisons particulieres, qu'il seroit aujourd'hui dangereux de publier, & qui trouveront pourtant leur place dans la suite, la raccourciront encore.

D'ailleurs nous n'avons ici que deux objets à obtenir, l'infirmation de la Sentence du Bailliage, & la permission de prendre le Juge & le Procureur du Roi de ce Siege à partie. Le premier point, ce qui précéde établit qu'il est impossible de nous le refuser. Pour réussir quant au second, nous n'avons besoin que de présenter des faits : quand la preuve en sera admise & complette, c'est alors que nous examinerons la procédure dans son ensemble, & qu'on verra combien sont coupables les mains qui l'ont dirigée.

Mais ces faits avez-vous le droit, nous dit-on, de les présenter en ce moment ? N'est-ce pas anticiper sur une permission que vous devez attendre ? Il vous faut un Arrêt pour oser parler ainsi, & cet Arrêt, vous êtes encore loin de l'avoir en votre possession. Cette critique est puérile, absurde, comme presque toutes celles que nous avons essuyées, & qui plus est, de mauvaise foi. Il faut pourtant y répondre avant tout ; car, par la fatalité inouie qui préside à cette affaire, elle a fait impression même sur de bons esprits.

§. I.

Qu'en formant la demande à fin d'obtenir permission de prendre un Juge à partie, celui qui la forme peut & doit présenter les moyens qui la justifient.

Qu'est-ce que la prise à partie ? C'est l'intimation d'un Juge prévaricateur en son propre & privé nom. Quand est-il permis d'y procéder ? Quand on en a obtenu la permission des Cours. Mais sur quoi les Cours la donneront-elles cette permission? Est-ce sur rien? Ne faut-il pas qu'on leur défère la malversation dont elles doivent autoriser à instruire ? Livreront-elles un Juge à ce combat dangereux, si l'on ne commence par démontrer qu'il s'est mis dans le cas d'y être exposé ? Une Partie qui formeroit sa demande préliminaire sans l'étayer de l'énoncé des preuves qu'elle en administrera par la suite, ne seroit-elle pas sur le champ écartée & même punie d'une délation qui paroîtroit nécessairement calomnieuse ? Des conclusions aussi graves, aussi sérieuses, seroient-elles donc les seules que la Justice admettroit sans preuves ?

Mais, nous réplique-t-on, ces preuves doivent exister dans l'instruction. C'est-là seulement que les Magistrats doivent chercher & trouver ce qui peut en compromettre l'auteur. Est-ce de bonne foi qu'on nous oppose une semblable objection ? Et quel Juge auroit alors à redouter cette ressource consolante, la seule que les Loix laissent à l'innocence accablée par la perversité armée de formes judiciaires? Qu'on songe donc à celles de notre procédure criminelle. Un homme seul instruit. Un homme seul est maître d'y insérer ou d'en retrancher ce qu'il lui plaît. Si les témoins sont foibles & qu'il les intimide ; s'ils sont ignorans & qu'il les trompe ; s'ils sont crédules & qu'il les séduise, le sort de l'accusé est dans ses mains. Plus il commet de prévarications & moins son ouvrage en offrira de traces. Il faudroit qu'il fût plus stupide encore que méchant, si, avec un pouvoir aussi illimité, il donnoit des armes contre lui-même. L'excès de sa corruption seroit pour lui le gage de l'impunité. Il n'y auroit tout au plus qu'un honnête homme imprudent qui pût jamais être compromis, parce qu'il auroit des scrupules, & qu'en commettant une indiscrétion, l'idée ne lui viendroit pas même d'en supprimer la preuve, ou que quand elle lui viendroit il n'y déféreroit pas. Au lieu qu'un prévaricateur hardi & adroit iroit audevant des indices, & qu'en assassinant l'accusé, ce seroit des mains de la vérité qu'il paroîtroit recevoir l'instrument du meurtre.

Ce n'est donc pas la procédure qui peut servir de guide en pareil cas. Ce qui n'y est pas en devient alors la partie la plus essentielle, puisque c'est la clef de ce qui y est. Si elle offre heureusement des indices, il faut en profiter ; mais c'est au dehors

qu'il faut chercher la preuve : ce font les faits qu'on en a bannis ;
qu'il faut recueillir ; & s'ils ont une liaifon évidente avec ceux
qui y font confignés, c'eft alors que la demande préliminaire ne
peut fouffrir aucune difficulté. Voilà l'efprit de la Loi ; & la lettre
y eft très-conforme.

Un Arrêt de réglement rendu le 4 Juin 1699, fur les conclu-
fions du célèbre d'Aguelfeau, renouvelle la défenfe d'intimer les
Juges en leur nom, fans y être autorifé par un Arrêt ; mais en
même tems il avertit *ceux qui croiront devoir prendre les Juges à
partie, d'expliquer fimplement les faits & moyens qu'ils croiront
néceffaires.* L'Arrêt ne dit pas ceux qui *prendront,* mais qui *croiront
devoir* prendre ; c'eft donc du préliminaire qu'il parle : or, nous
croyons devoir prendre le Procureur du Roi & le Lieutenant-
Général du Bailliage à partie. Pour obéir à l'Arrêt, il ne faut donc
qu'expliquer fimplement les faits indifpenfables ; & c'eft ce que
nous allons faire. Nous établirons quatre principes inconteftables
dont nous ferons l'application à leur conduite.

Un Juge chargé d'une procédure criminelle, qui n'inftruit pas
à charge & à décharge, prévarique & doit être pris à partie.

Un Juge qui cherche à furprendre les témoins, qui les intimide
ou les maltraite pour favorifer une Partie au préjudice de
l'autre, prévarique & doit être pris à partie.

Un Juge qui décrete fans motifs des domiciliés prévarique &
doit être pris à partie.

Un Juge qui altere la procédure ou la divulgue prévarique &
doit être pris à partie.

Or, voilà ce que le Lieutenant Général & le Procureur du Roi
du Bailliage ont fait.

§. II.

Le Lieutenant Général n'a pas inftruit à charge & à décharge.

Un Juge qui reçoit des dépofitions doit être un auditeur pure-
ment paffif ; il doit écouter & faire écrire tout ce que les témoins
veulent énoncer, à moins que ce ne foient des chofes évidemment
étrangeres à la plainte dont il s'agit. Il ne lui eft permis ni d'in-
terroger les témoins, ni de les interrompre, ni de refufer de recevoir leurs déclarations. Or, le Lieutenant Général du Bailliage
fatigué les témoins, avant & après les dépofitions, par une mul-

tude de queſtions étrangeres. Quand quelqu'un d'eux a voulu ou rendre hommage à la probité du Comte de Morangiés, comme la Demoiſelle Caron & d'autres, ou inculper Aubourg, ou donner des renſeignemens relatifs à la fortune des Verons, mais contraires à leur ſyſtême, il les a interrompus en diſant que *cela n'étoit pas néceſſaire*; on en offre la preuve.

Un Juge qui inſtruit un procès criminel doit, quand on lui préſente un fait grave, & qu'on indique des témoins qui peuvent le fortifier ou l'affoiblir, ſe hâter de les faire entendre. Le Lieutenant Général a fait tout le contraire, quand ce procédé pouvoit compromettre les Verons ou atténuer les faux témoignages qu'ils ont achetés. Pluſieurs témoins, comme la femme Durand, le Chevalier A…, &c. dépoſent qu'ils ont entendu Gilbert dire à la Petit *qu'elle le feroit pendre ſi elle diſoit la vérité.* Ils dépoſent que la Petit eſt convenue de la vérité de ce propos dans les ſalles du Palais, devant vingt perſonnes de marque, comme le Comte de Montboiſſier & bien d'autres. Que fait le Lieutenant Général ? Il n'entend aucune de ces perſonnes, & il décrete de priſe de corps la femme Durand, la femme Petit, &c. Celle-ci qui atténue ſa dépoſition, il la relâche. L'autre qui perſiſte, il aggrave ſa captivité par toutes les rigueurs qui ſont en ſon pouvoir.

La nommée Boileau, cuiſiniere du Comte de Morangiés, dépoſe, ſi l'on en croit les Verons, *Preuves réſultantes*, page 19, que la Femme de charge de la maiſon lui a remis, immédiatement après l'époque du 23 Septembre, des louis d'or, en lui défendant de les changer dans le quartier. Rien n'étoit plus intéreſſant que d'entendre la Femme de charge, & de vérifier ce propos. S'il avoit été tenu, ce pouvoit être un indice contre le Comte : s'il ne l'avoit pas été, il falloit approfondir ce qui a engagé la Boileau à l'inventer. Cela donnoit un fil pour pénétrer dans le complot de la ſubornation. Au moins falloit-il confronter la Cuiſiniere avec ſon Maître ? Qu'a fait le Lieutenant Général du Bailliage ? Il n'a ni entendu la Femme de charge, ni confronté la Boileau.

Dira-t-il qu'il a mépriſé ſa dépoſition ? Soit ; mais il ne lui étoit pas permis de négliger d'en approfondir le motif. Il ne pouvoit pas être indifférent à la Cauſe. Ce n'étoit pas d'elle-même que la Boileau avoit atteſté, ſous la foi du ſerment, un pareil menſonge ; il falloit la forcer d'en révéler le ſecret.

L'Arrêt du 11 Avril donnoit acte au Ministere public de la plainte qu'il rendoit sur les faits d'escroquerie, de violence & de subornation. Ce dernier grief étoit aussi intéressant au moins que les autres. Dans le commencement de la procédure, il ne pouvoit concerner que les Verons. Il n'y avoit qu'eux qui fussent accusés d'avoir essayé de corrompre des témoins. Gilbert, la Tourtera, Aubriot étoient les organes mercénaires désignés, contre lesquels il étoit important d'amasser des preuves.

Que fait le Juge ? A la vérité il commence par décréter Gilbert, & ce décret, il le lâche de concert avec celui qu'il concernoit, puisqu'aux Audiences & dans les écrits on n'a cessé de publier que Gilbert s'étoit rendu de lui-même en prison ; mais, après ce premier pas fait, il ne s'occupe plus qu'à se ménager le moyen de reculer en arriere. Il ne travaille plus qu'à faire tomber, dans des contradictions artificieusement amenées, les témoins qui ont le plus fortement chargé Gilbert & Aubriot, ceux qui déposent des faits qu'ils ont vus, entendus ; ceux qui administrent la preuve palpable de la corruption pratiquée envers le cocher ; il affecte de perdre entierement de vue la subornation tramée par les Verons ; il se livre tout entier à acquerir la preuve de celle qu'il suppose machinée contre eux, ou plutôt contre un de leurs témoins, cette subornation secondaire & chimérique, comme la Sentence le prouve, devient l'unique objet de ses soins, & la matiere de presque tous les décrets. C'est elle qui précipite dans les fers le sieur Menager, la femme Durand, la Petit, la Hérissé, la Bapst, le mari de celle-ci, sa sœur, &c. & enfin le Comte lui-même ; & sur quel indice ? Sur la déclaration depuis rétractée d'une Fille flétrie, évidemment gagnée, qui n'allégue que des faits dont elle-même n'a pas de connoissance.

Tandis que le Juge s'occupe ainsi d'une main à presser, à consolider une délation sans fondement, que fait-il de l'autre ? il affoiblit, il diminue, il anéantit tant qu'il le peut les preuves qui existent de la véritable subornation. On lui dénonce que la fille Hérissé a été gagnée, qu'elle l'avoue, que Dujonquai a été la voir en prison ; que le Concierge est impliqué dans cette manœuvre ; qu'un homme, qui est évidemment Aubourg, s'y est présenté plusieurs fois sous le titre de Marquis ou Baron, pour la séduire par des promesses. Le Comte demande qu'il en soit informé : il indique

indique des témoins : il fomme le Procureur du Roi, *par Huif-fier*, de les faire entendre : il réitere jufqu'à trois fois ces fomma-tions. Le Comte lui dénonce de même, que depuis que Gilbert eft en prifon, Dujonquai & fa famille n'ont ceffé de lui tenir com-pagnie ; que les filles Romain ne l'abandonnent pas : il offre la preuve que c'eft Aubourg qui le nourrit ? Cela fera-t-il éclairci ? Non. Les témoins feront-ils entendus ? Non.

D'un autre côté, Aubriot perfifte à dépofer qu'il a vu l'or porté au Comte, & les reconnoiffances données en échange. Aubriot étoit directement inculpé par la premiere plainte en fu-bornation. Il eft convaincu par le témoignage de Menager & de fa famille : il peut l'être encore plus fortement par les décla-ra-tions de trois témoins étrangers, tous bien dignes de foi quand ils atteftent fon impuiffance de fortir le 23 Septembre, puifqu'ils l'ont partagée. Qu'arrive-t-il ? On commence par décréter Me-nager & fa famille. Deux mois après on entend deux feulement de ces trois témoins irréprochables qu'il a indiqués ; & ces deux mêmes on ne les confronte pas à Aubriot, tandis que l'on affecte de confronter à Menager tous les échos que les Verons ont fou-doyés en faveur de leur protecteur.

Qu'en réfulte-t-il ? Qu'Aubriot n'eft pas décrété, ni par con-féquent la Tourtera ; que leurs dépofitions reftent au procès ; qu'alors les Verons ont au moins l'apparence de deux témoins du port de l'or & des reconnoiffances.

Tandis qu'Aubriot, libertin, fans afyle, chaffé des Fermes pour inconduite, & convaincu d'un faux témoignage évident, eft fi refpectable pour le Juge ; tandis qu'il prodigue tant d'é-gards à l'ufuriere Tourtera, à cette femme que plufieurs retrai-tes forcées dans un féjour honteux ont aguerrie au menfonge & endurcie à l'opprobre ; tandis qu'il écarte ou qu'il étouffe les preuves fans nombre qui fe multiplient contre ces deux per-fonnages, il décrete d'affigné un ancien Infpecteur de Police, honoré à jufte titre de la confiance du Magiftrat, un Officier irréprochable qui n'a agi qu'en vertu des ordres du Roi, & contre lequel il ne s'éleve pas même le moindre indice. Il dé-crete de prife de corps un autre Officier contre lequel il n'exifte qu'une délation intéreffée, qui n'a d'autre crime que d'avoir cru que des Prêteurs fur gages avoient pu céder à une tenta-tion féduifante.

M

Il est vrai que par ce procédé, il conservoit des témoins aux Vérons, il en ôtoit au Comte. Aubriot, la Tourtéra, n'étant pas accusés, fortifioient la chimère des billets du 24. Le sieur Dupuis, le sieur Debruguieres l'étant, les déclarations du 39 Septembre sembloient devenir suspectes. Est-ce cette considération qui a produit l'inaction du Juge en un sens, & sa prodigieuse activité dans l'autre ? Nous n'en savons rien ; mais ce contraste existe. Il suffiroit seul pour autoriser une prise à Partie. Ce sera à lui à le justifier, s'il le peut, quand il aura à son tour à se défendre.

Nous ne finirions pas sur cet article : mais à la simplicité nous voulons joindre la briéveté ; nous passons à un autre.

§. III.

Le Lieutenant-Général du Bailliage a voulu surprendre, a intimidé, a maltraité les témoins favorables au Comte de Morangiés.

Une ruse formellement interdite aux Juges par les Loix, & plus encore par l'honnêteté, c'est de supposer des faits faux, pour embarrasser les témoins & même les accusés. Quand leur objet seroit de favoriser la manifestation de la vérité, ce moyen bas & malhonnête n'en seroit pas moins criminel ; mais quand il n'est employé que pour l'étouffer, que devient-il ? Or le Lieutenant-Général du Bailliage l'a pratiqué plusieurs fois : on en offre la preuve.

Mais entre autres, à la confrontation, il dit de lui-même à la femme Durand, que le Chevalier A.... qui est comme elle un des plus forts témoins contre Gilbert, la chargeoit ; qu'il avoit assuré avoir entendu Gilbert dire à la femme Petit : *Je suis sûr de Madame Durand, parce que je lui ai donné ma montre.* A la confrontation, la femme Durand reprocha au Chevalier A.... de l'avoir calomniée ainsi ; & quel est l'imposteur qui me prête ce propos, s'écria le Chevalier A....? C'est Monsieur, reprit la femme Durand, en montrant le Juge ; celui-ci rougit & ne répondit rien. Il étoit difficile d'excuser un semblable fait.

Quant aux menaces, il n'y a pas de séance qui n'en ait été remplié. Tous les témoins qui parloient contre son préjugé ou son inclination, c'eſt-à-dire, contre la perſuaſion où il étoit que le Comte de Morangiés eſt coupable & ſes Adverſaires innocens, il leur diſoit qu'ils étoient de faux témoins: il les menaçoit de la priſon; &, comme on voit, il a ſouvent tenu parole. Tous, Menager, Bapſt, ſa femme, la Durand, le ſieur Scrin, la femme Chalain & bien d'autres, ont eſſuyé ce propos effrayant qui a été réaliſé envers pluſieurs. Eſt-ce-là le devoir d'un Juge ?

Les choſes ont été portées au point qu'un de ces témoins (la Dame Duvelz) s'eſt crû obligé de conſigner ſa déclaration par écrit, chez un Notaire ou un Commiſſaire. De tous ces Officiers publics, pas un n'a voulu la recevoir. Soit qu'il y ait eu, ce que nous n'oſons ſoupçonner, des manœuvres ſecretes qui les en aient empêché, ſoit que les injures & les calomnies atroces dont on a chargé impunément, dans le cours de l'affaire, Me Chenon & Me le Chauve, & tous ceux qui ont paru ſe défier de l'inno- cence de Dujonquai, aient répandu un effroi univerſel, toutes les Etudes ſe ſont fermées au ſeul mot d'une déclaration à rece- voir dans l'affaire des cent mille écus.

Il a fallu recourir à un artifice pour en faire accepter le dépôt. Le témoin l'a écrite & cachetée ſous la forme d'un teſtament. Elle exiſte ſous ce déguiſement dans le cabinet de Me Blacque, Notaire de cette Ville, & en ſortira quand la Juſtice voudra bien en ordonner la révélation.

Ce qui devoit réſulter d'un ſemblable procédé, & ce qui en a réſulté en effet, c'eſt que preſque toutes les dépoſitions à la charge des Verons ou de leurs adhérens ont été affoiblies, mitigées, ou totalement éludées. Des témoins inſtruits ont biaiſé ou ont en- tiérement évité de parler. On n'en ſera pas ſurpris; mais les Juges ſupérieurs ne ſentiront-ils pas les conſéquences de cette étrange prévarication ? En ſe mettant en garde contre la procédure telle qu'elle eſt, ne ſe croiront-ils pas obligés de la voir telle qu'elle auroit dû être ?

Pour les mauvais traitemens, il y en a d'atroces. C'eſt ſur-tout envers les témoins de la plus baſſe condition, qu'il s'eſt permis plus d'inhumanité. Voici un extrait de ce qu'a ſouffert la femme Bapſt par ſes ordres. L'original de l'atteſtation où elle a conſigné ſes plaintes ſera joint au procès.

* C'est un des
Militaires qui
charge le plus
Gilbert.

« Il vouloit (le Juge) que je convienne que M. A.* étoit un
» faux témoin. C'est-là où il m'a fait des cruautés inouies ; qu'il
» m'a mis à la Tour pendant un mois ; donc que j'y ai resté pen-
» dant 24 heures *sans pain, sans eau,* puisque j'ai été obligée de
» *boire de mon urine,* avec la tête grosse comme un boisseau,
» une fluxion & la fièvre : de là il me fit monter à cinq heures du
» soir à l'interrogation au sujet de la lettre de M. le Comte de
» Morangiés, & il me fit conduire au petit Châtelet à minuit,
» avec les fers, disant, que *j'avois emprunté 12 livres à M. le*
» *Comte.* Le lendemain il me fit revenir en plein jour avec une
» paire de fers de six livres, qu'il m'envoya chercher par son
» gueux d'Huissier, pour paroître devant quatre coquins qui
» étoient fouettés & marqués, que je n'avois jamais ni vus ni con-
» nus que dans la prison. *Il fit grande politesse à ces quatre mal-*
» *heureux ;* & moi il me traita comme la dernière du monde. Il
» *me fit déshabiller, parce qu'il vit que j'avois une grosse fièvre,*
» *pour voir si je ne m'étois point serrée exprès pour me donner la*
» *fièvre.* L'Huissier de M. Tesson me défit mon casaquin pour
» voir si je n'étois point trop serrée. M. Pigeon, me dit : *il n'y*
» *a point de mal de mettre cette gueuse-là au secret jusqu'à la fin*
» *du procès, parce que c'est elle qui soutient les faux témoins qui*
» *sont le Chevalier A... le Chevalier de la G... qui sont aussi fourbes*
» *qu'elle* ».

La sœur de cette femme, nommée Blanchet, est morte en
prison des suites d'une barbarie pareille. La femme Hérissé, son
mari, ont été aussi cruellement traités. Ce dernier n'a jamais
commis d'autre crime que d'avoir apporté au Défenseur
Comte de Morangiés la lettre où sa fille annonçoit qu'elle vouloit se rétracter : après avoir été retenu dans la prison par fraude,
a été jetté à la Tour de Montgommery, séjour affreux où les
Géoliers eux-mêmes ne conduisent qu'avec répugnance les criminels condamnés. Il n'en a été tiré que parce qu'il y fut trouvé un
soir sans sentiment, & qu'on craignit qu'il n'y expirât dans le transport qu'une si horrible injustice lui causoit, jointe à une incom-
modité cruelle à laquelle il est sujet.

La femme Durand en a été menacée, & n'a dû qu'à son état
de maladie & aux représentations d'un Guichetier, de n'y être
pas renfermée.

Enfin on fait comment le Comte de Morangiés a été accueilli en arrivant dans cet odieux séjour, comment il a été privé du service de ses gens, de la vue de ses Conseils, de la permission de choisir la main qui lui apprêteroit à manger. Il a fallu un Arrêt pour lui procurer ces facilités, qui ne se refusent pas aux criminels d'Etat.

Au nombre de ces mauvais traitemens on doit comprendre les injures atroces que les Verons ont vomies sans cesse aux confrontations contre le Comte de Morangiés, sans que le Juge ait jamais essayé de leur imposer silence : il y en a même plusieurs qui ont été écrites dans la procédure, parce que le Comte a voulu qu'elle portât ce témoignage de sa patience comme de la brutalité inouie de ses Adversaires, & de l'excessive indulgence du Juge envers eux. Gilbert, par exemple, lui disoit sans cesse qu'on le verroit un jour *au cul de la charrette du Bourreau.* Dujonquai lui a dit, qu'*il le verroit rouer sans coup de grace ;* & bien d'autres propos que le Comte méprisoit, mais qu'un Juge integre ne devoit pas tolérer.

Après de semblables griefs, il est inutile de parler des *secrets* réitérés sans raison, prolongés contre toute bienséance, quand il plaisoit au Juge de s'aller promener hors de Paris, & d'interrompre l'instruction, contre le texte précis des Loix, pour aller traiter délicieusement ses amis à la campagne. Les témoins sur tous ces faits seront nombreux & irréprochables.

§. I V.

Le Lieutenant Général a multiplié les décrets sans motifs, ou du moins sans autre motif que de favoriser les Verons.

Les décrets sur-tout ceux d'ajournement & de prise de corps, sont des ressources terribles que la Justice ne permet à ses Représentans d'employer qu'en tremblant. Si la nécessité de l'instruction force à les tolérer, la crainte de blesser l'équité doit les en rendre bien économes. La prodigalité en ce genre est un vrai délit. La liberté des hommes est un bien dont il est affreux de les priver, quand cette privation n'a pour but que de prétendues lumieres qu'on peut se procurer sans recourir à des moyens violens. De vieux Jurisconsultes, habitués à spéculer froidement sur des maux qu'ils n'éprouvent pas, raisonnent sur les décrets & sur la classe dans laquelle ils doivent être rangés. Ce ne sont pas des peines, disent-ils ; un Juge peut les hasarder sans scrupule, pourvu qu'en définitif il fasse justice : ce qui est bon à prendre est bon à rendre Notre Jurisprudence est malheureusement encore infectée comme cela de quelques principes qui se sentent de la barbarie de nos anciennes mœurs. La raison éclairée les réprouve, & nos Loix peu à peu les réforment.

L'Ordonnance de 1670 interdit formellement aux Juges de *décerner prise de corps contre des domiciliés, si ce n'est pour crimes qui doivent être punis de peine afflictive ou infamante.* Le cri de l'humanité a engagé les Commentateurs à y joindre une réflexion dont la sagesse est sensible. C'est que dans le cas même où le crime seroit de l'espece spécifiée par la Loi, le Juge ne doit pas décréter sans *preuve suffisante*, ou du moins sans les plus forts indices. Qu'a fait le Lieutenant Général du Bailliage? Suivons-le dans sa procédure.

Une premiere remarque, c'est que de dix-huit décrets qu'il ordonne, trois seulement frappent le parti des Verons. Les quinze autres tombent sur le Comte de Morangiés & les témoins qui déposent en sa faveur. Cela est déjà bien étrange; & si l'on rapproche le genre de ces décrets de leurs prétextes, on fera bien plus surpris & bien plus indigné. Gilbert, il est vrai, est décrété de prise de corps ; mais la Romain & son fils, prêteurs sur gages avérés, principaux accusés, qui ne peuvent être innocens si Gilbert est présumé coupable, ne sont décrétés que d'assigné pour être ouïs.

De l'autre côté au contraire, la Dame Duvelz, veuve d'un Procureur estimé, déclare n'avoir *pas vu* passer Dujonquai sous sa fenêtre; on la décrete d'ajournement. Le sieur Dupuis homme honnête & connu par trente années d'exercice dans une Charge délicate & importante, soutient qu'il n'a été commis le 30 aucune violence contre les Verons; on le décrete d'ajournement. Le sieur Menager, homme irrépréhensible, d'une profession utile

& estimable, dépose qu'il est convaincu que, suivant les regles de son art, Aubriot n'a pas pu sortir de chez lui un tel jour: on le décrete de prise de corps; sa femme, son fils, sa servante attestent la même vérité : on les décrete d'ajournement. Les femmes Durand, Hérissé, Petit, Bapst, Blanchet, se réunissent pour inculper Gilbert d'après ce qu'elles ont vu & entendu de lui-même : on les décrete de prise de corps. Le Juge n'a point d'autre arme à son usage : c'est un Jupiter tonnant qui ne lance que des foudres. Quelle inconcevable fureur !

Et quel est donc le crime de la Dame Duvelz ? Elle n'a pas vu. Mais vous flattiez-vous de la forcer à convenir dans ses interrogatoires qu'elle avoit eu tort de ne pas voir? Vouliez-vous lui enjoindre de voir une autre fois ? Quel pouvoit être le but de son décret ?

A l'égard de Menager, c'est la même chose. On a discuté dans son Mémoire particulier l'injustice énorme du traitement qu'il a souffert, ainsi que sa famille.

Quant à cette foule de témoins obscurs que vous avez entassés dans les prisons, parce qu'ils compromettoient Gilbert, ne pouviez-vous donc éclaircir le fait de la séduction, vraie ou non, qui les faisoit parler, suivant vous, sans exposer leur santé, sans ruiner leur commerce, sans les dévouer à l'indigence qui les attend au sortir des cachots où vous les avez plongés? La Dᵉ Durand, par exemple, subsistoit d'un négoce dont le succès est attaché à son intelligence, à son activité, & par conséquent à sa présence. Elle avoit des dettes actives & passives. Ses créanciers l'ont poursuivie, ses débiteurs ne l'ont pas payée. Six mois de séjour dans un lieu dont l'humanité est bannie, mais où son ombre même se paie au poids de l'or, l'ont épuisée. Que retrouvera-t-elle en sortant de vos mains? La plus affreuse misere ; & voilà le fruit de son innocence que vous avez enfin été forcé de reconnoître ; il en est de même des autres.

Ce n'est pas tout : en multipliant ainsi des décrets injustes, vous vous êtes refusé à ceux que la raison, la justice, la bienséance même vous ordonnoient de lancer. Si la Dame Duvelz, si le sieur Menager, qui n'ont jamais varié, qui n'ont dit que ce qu'il leur étoit impossible de cacher, à qui on ne peut repro-

cher que de ne pas tenir le même langage que d'autres témoins, ont mérité à vos yeux leurs décrets, comment avez-
vous pu respecter la fille Chaume, qui se coupe elle-même
en disant qu'elle *a vu à travers d'une porte vitrée dont elle a sou-
levé le rideau*, tandis qu'il est constant au Procès que le rideau
étoit en dedans, & qu'elle assure que la porte étoit fermée ? Comment avez-vous laissé libre la femme Portier, qui vient à la confrontation déclarer un fait nouveau infiniment grave, dont elle
n'a jamais parlé, qui affirme que Dujonquai lui a dit : *j'ai encore
bien des voyages à faire pour porter mon or au Comte de Morangiés ?*

Voilà un faux témoignage des plus évidens : à peine est-il con-
sommé, que le cri de sa conscience l'alarme. Elle tremble ; elle
pâlit ; elle se rétracte enfin. Cela est vrai ; mais elle n'avoit pas
parlé ainsi sans l'instigation de quelqu'un ; ce quelqu'un il falloit le découvrir ; & vous la laissez sortir, sans autre peine que la
fixation de son salaire !

On en peut dire autant d'Aubriot ; il ne peut se tirer d'une
contradiction embarrassante qu'en affirmant qu'au milieu de ses
remedes il avoit assez d'appétit *pour dîner & souper deux fois par
jour*, & vous ne lui en montrez que plus d'égards : vingt autres
témoins aussi suspects ne reçoivent de vous que les preuves d'une
indulgence bien cruelle pour le Comte de Morangiés.

Il y a plus : pourquoi donc ce choix, même dans le parti qui
vous est odieux ? Quoi ! vous décretez Menager, sa femme, son
fils, & les deux malades qui parlent précisément comme eux,
vous les dédaignez, vous les laissez libres ! Vous précipitez dans
les cachots la Durand qui a été présente quand Gilbert a supplié
la Petit de déposer faux pour le sauver, & vous ne touchez
point à deux Militaires qui ont entendu comme elle, qui déposent comme elle, qui ont comme elle déconcerté Gilbert !
Aviez-vous depuis le décret acquis la preuve de l'innocence de la
Durand ? En ce cas, il falloit donc l'élargir sur le champ, & en définitif condamner Gilbert. Point du tout : Gilbert est absous, & la
Durand aussi. Ce sont quatre absurdités contradictoires au lieu
d'une. Pourquoi d'abord est-elle décrétée ? Pourquoi l'est-elle
seule ? Pourquoi n'est-elle pas condamnée ? Pourquoi celui qu'elle
accuse

accuſe ne l'eſt-il pas non plus? Sur cet article comme ſur les autres, on feroit un volume du recueil des faits qui convainquent
le Lieutenant Général de la prévention la plus aveugle, de la
précipitation la plus inconſéquente, & de la partialité la plus
odieuſe.

§. V.

*La procédure a été altérée par le Lieutenant Général du Bailliage
dans l'inſtruction, & communiquée aux Verons.*

C'eſt altérer une procédure criminelle que de refuſer d'y inſ-
crire tout ce que les témoins dépoſent de relatif à l'affaire qui
s'inſtruit. Or, ce genre de prévarication, le Lieutenant Général
du Bailliage l'a commis cent fois. L'anecdote de la Dame Duvelz, & bien d'autres le prouvent. Nous n'en citerons qu'un trait;
c'eſt ſon refus conſtant & conſtaté par lui-même de ſouffrir qu'on
nommât Aubourg, Aubourg la Partie principale du Procès, &
qui en eſt le principal agent; Aubourg qui y eſt ramené de tous
côtés; Aubourg qui s'eſt déguiſé en Baron pour ſurprendre la
Hériſſé; Aubourg qui prodiguoit aux témoins l'eau-de-vie, l'argent & encore plus de promeſſes; Aubourg qui nourriſſoit &
nourrit encore Gilbert; Aubourg enfin qui compromettoit le
Siége, en commandant publiquement des *pâtés*, qu'il envoyoit
ſous ſon nom au Bailliage, comme il eſt prouvé par écrit au Procès. Tout cela a été connu du Juge; & cependant il n'a ceſſé d'é-
carter avec le plus grand ſoin le redoutable nom d'Aubourg
de la plume de ſon Greffier: il impoſoit ſilence à tous les témoins qui en parloient. A la confrontation même, ce n'eſt que
par adreſſe que le Comte de Morangiés eſt parvenu à arracher
ce nom myſtérieux de la Dame de Maiſonneuve; & par excès
d'opiniâtreté, qu'il a forcé le Juge de le laiſſer inférer dans le
verbal. D'où vient donc cette répugnance? Eſt-ce une procédure fidele que celle qui a été ainſi rédigée?

A la confrontation avec Gilbert, Bapſt qui le charge eſt preſſé
par le Juge de dire *qu'il connoît le Chevalier A. qui le charge
auſſi; que le Chevalier eſt venu le voir chez lui:* Bapſt le nie. Le
Juge ne laiſſe pas de le faire écrire. Il faut lire la confrontation
avant que de la faire ſigner: on lit, mais ſi rapidement que le témoin n'entend rien. Il demande qu'on aille plus doucement; il y
force le Greffier. Trouvant le propos qu'il a nié, il veut qu'on le

N

raie : le Juge s'y refuse : le témoin proteste qu'il ne signera pas : le Juge veut le forcer de signer. Enfin Bapst prend la plume des mains du Greffier, & raie lui-même le propos qu'il désavoue. Voilà un fait dont la preuve doit exister dans les minutes. Il y a au Procès des conclusions spéciales pour que les Juges supérieurs se les fassent représenter. On y joindra un écrit signé de Bapst, où il révele cette anecdote.

Le Sr Menager est présenté à la confrontation avec son ancien valet nommé Mera. Il le déconcerte, le Juge se fâche ; il menace pour cette fois un partisan des Verons du cachot, mais on voit dans quel esprit. Voyant que l'effroi ne le ramene point, il supprime le commencement de la confrontation, & on se retire sans rien signer. Ce fait a été nettement articulé par le sieur Menager dans son Mémoire signé de lui, & dans des instructions particulieres sur lesquelles il a été composé. Il a donné lieu à un événement non moins étrange que tous ceux dont cette Cause a malheureusement donné le premier exemple.

Le lendemain du jour où ce Mémoire a été publié, le Lieutenant Général a paru en plein Palais, portant sous son bras une liasse de papiers : & qu'étoit-ce que ces papiers ? La procédure en original. Il l'a fait voir à tout le monde : il a forcé les particuliers les plus indifférens à y lire, à y voir le nom de *Menager* apposé au bas d'une confrontation avec *Mera*. C'est déjà une prévarication de plus, comme nous l'avons dit page 14 de l'*Examen abrégé*, que cette révélation des pieces secretes d'une procédure secrete elle-même par essence.

Le Juge auroit beau dire qu'il s'agissoit de sa justification personnelle : il ne lui étoit pas permis de se faire ainsi justice à lui-même ; il devoit l'attendre des Magistrats qui vont prononcer sur le fonds & sur les accessoires de la Cause. Violer pour sa satisfaction particuliere un dépôt sacré, c'est commettre un vrai délit qui donne bien de la probabilité à tous les autres qu'on lui reproche.

Mais cet excessif empressement n'autorise-t-il pas quelque défiance ? Est-ce bien la signature du Sr Menager pere qu'il a montrée ? Le fils a été entendu aussi. On convient qu'il a été confronté. Sa signature existe ; n'auroit-on pas donné l'une pour persuader l'existence de l'autre ? Cette subtilité adroite n'auroit cependant qu'un succès passager ; il faudra bien, tôt ou tard, que l'illusion se dissipe.

On assure qu'il existe dans les grosses une confrontation de
Mera avec le sieur Menager pere. Il faut donc que les Juges supérieurs prennent la peine de vérifier les minutes; & enfin, quand
ces minutes présenteroient une confrontation telle qu'on l'articule, le sieur Menager, sûr de son fait, déclare en ce moment
qu'elle ne peut lui avoir été surprise que par d'indignes artifices;
qu'il faudroit qu'on lui eût fait signer cette confrontation sous
un autre prétexte, ou enfin que sa signature seroit contrefaite:
voici la déclaration qu'il nous a prié de publier, & dont l'original est au Procès.

« J'autorise M. Linguet à dire & à imprimer que la confron-
» tation qui avoit été commencée entre moi & le nommé Mera
» mon domestique n'a point été finie; & que je ne l'ai point si-
» gnée; que j'ai demandé à la signer; que le Lieutenant Général
» a dit que cela étoit inutile; que sur ce le Greffier a proposé de
» supprimer la déposition de Mera; que le Lieutenant Général a
» dit qu'elle étoit trop importante. Qu'ainsi je proteste contre
» toute signature qui pourroit être à la suite d'une confrontation
» avec Mera, comme étant fausse, ainsi que je le soutiens dès-à-
» présent, me réservant même, s'il est besoin, de m'inscrire en
» faux, si on ose en présenter une. A Paris ce 6 Août 1773.
» *Signé*, MENAGER ».

Quand, au reste, le Lieutenant Général pourroit se disculper de
cette accusation, ce qui paroît bien difficile; à en juger par le
ton du sieur Menager, qui n'a après tout, aucun intérêt à soutenir un mensonge, se laveroit-il de même de tous les autres
reproches qu'on lui fait ici, de ceux que l'on réserve pour l'instruction de la prise à Partie, de ceux que les témoins révéleront,
de ceux enfin que la procédure elle-même nous mettroit dès
aujourd'hui à portée de découvrir, si l'on en avoit violé le secret en notre faveur, comme on l'a fait pour les Verons?

Quant à ce dernier grief; le Comte de Morangiés n'en charge
pas précisément le Lieutenant-Général: il peut tomber sur le
Procureur du Roi ou le Greffier. Ce que le Comte affirme, c'est
que la procédure entiere a été plusieurs jours déposée chez Aubourg, & qu'elle y a été copiée. Voilà ce qu'il offre de prouver;
ce sera à Aubourg à apprendre de qui il la tenoit: & cette

déclaration donnera peut - être de nouvelles, d'importantes
lumieres fur la prife à Partie.

En voilà fans doute la neceffité bien démontrée ; les Juges fupérieurs pourroient-ils balancer à en accorder la permiffion ? On fera,
nous nous y attendons bien, de prodigieux efforts pour les en dé-
tourner ; on n'épargnera rien pour leur perfuader qu'il eft dangereux d'expofer un Juge à un examen qui femble compromettre
la dignité des Tribunaux ; mais ils fentiront aifément que le vrai
danger feroit de tolérer des vexations pareilles, & de faire efpé-
rer l'impunité à des prévaricateurs armés d'un Office. Jamais la
Juftice ne mérite mieux les hommages & la confiance des hommes, que quand c'eft fur un de fes membres qu'elle exerce
fa rigueur.

Sans doute, il faut que les premiers Juges foient refpectables
au refte des Citoyens ; mais ne faut-il pas auffi que l'innocence
foit refpectée par eux ? S'ils font capables de prévariquer, ne faut-
il pas que la crainte les arrête quand leur confcience ne les arrête pas ? Ne faut-il pas de tems en tems des exemples capables
de nous raffurer, nous enfans obfcurs d'une Patrie que nous fer-
vons, & qui foumet, fans nous confulter, notre fortune, notre
honneur, notre vie, à des mains que nous ne choififfons pas ?

On crie par-tout que le bien du commerce exige la condamnation du Comte de Morangiés. Nous avons prouvé le contraire :
mais le repos commun de la fociété demande un exemple dans
la perfonne du Lieutenant général du Bailliage & du Procureur
du Roi. Bien peu de particuliers courent le rifque de s'entendre
redemander par des efcrocs cent mille écus qu'ils n'auront pas
touchés ; mais qui de nous n'eft pas chaque jour expofé à fe voir
impliqué dans un procès criminel, par la perverfité d'un premier
Juge, & par l'infidélité des témoins que fa connivence enhardit ?
Les Cours, en pareil cas, ont toujours été fans pitié.

Le 5 Mars 1759, le Parlement a rendu un Arrêt célebre & rigoureux dans une matiere qui en paroiffoit bien moins fufceptible.
Un Lieutenant Général de Troyes nommé, comme celui du Bailliage, Commiffaire de la Cour, avoit prévariqué par foibleffe
plus que par méchanceté ; il avoit moins prêté fon miniftere au
crime qu'il ne l'avoit refufé à l'innocence. Il ne s'agiffoit pas,
comme ici, des plus grands intérêts qui puiffent animer les hommes ; les accufés compromis n'avoient effuyé ni prifon ni traite-

mens honteux; ils ne demandoient la prife à Partie qu'avec une timidité qui ne leur permettoit pas même de défigner contre qui ils la vouloient diriger. La Cour, en jugeant, leur indiqua d'elle-même les victimes qu'elle leur permettoit de frapper. Elle interdit d'office le Lieutenant général de Troyes qui avoit fait l'infruction, & le manda pour venir rendre compte de fa conduite : L'Arrêt fera joint au Procès. Que nous fommes dans un cas bien plus grave, & dans des circonftances bien plus favorables !

Nous ne nous appefantirons point en finiffant fur la fituation du Comte de Morangiés; elle n'eft que trop touchante & trop connue. Nous ne nous étendrons pas fur la néceffité de le venger des outrages fans nombre qu'il a reçus, des calomnies indignes qui l'ont compromis, des libelles atroces que l'on a multipliés contre lui, contre fa famille, contre tous ceux qui ont eu le courage de ne pas l'abandonner dans fon humiliation : ce font-là les conféquences néceffaires de la démonftration de fon innocence.

Nous nous permettrons encore bien moins de repréfenter aux Juges l'importance du Jugement qu'ils vont rendre, & l'avidité pleine d'inquiétude avec laquelle il eft attendu. Jamais ils ne trouveront une occafion plus favorable de s'honorer aux yeux de la Nation, de juftifier le choix du Prince qui leur a confié le dépôt de fon autorité, & de calmer enfin les ames honnêtes qu'une Sentence inique & les manœuvres qui l'ont précédée, ont fi juftement révoltées. *Signé*, Le Comte DE MORANGIÉS.

Monfieur *G O U D I N*, *Rapporteur.*

Me LINGUET, Avocat.

Fautes effentielles à corriger.

Page 4, *ligne* 11, 1770: *lifez* 1771.
Même page, *ligne* 34, même faute; faites la même correction.
Page 17, *ligne* 11, page   *lifez* page 10.

De l'Imprimerie de LOUIS CELLOT, rue Dauphine, 1773.

www.ingramcontent.com/pod-product-compliance
Lightning Source LLC
Chambersburg PA
CBHW071104210326
41519CB00020B/6152